DEKIRU
07
MARKETING Bible

越境EC&海外Webマーケティング

"打ち手"大全

インバウンドを契機に世界を狙う
最強の戦略91

インプレス

まえがき

こんにちは！世界へボカンの徳田です！私は「日本の魅力を世界へ届ける」というライフミッションのもと、日本企業の海外進出を目的とした越境EC＆海外Webマーケティングの支援に、18年間にわたって取り組んでいます。

日本には、素晴らしい文化や製品、企業があるにも関わらず、世界へ伝える術であるマーケティングや英語が得意でないせいで、衰退してしまっているところがたくさんあります。そういった文化や製品の魅力を世界へ届けるお手伝いをすることで、企業が存続し、作り手である職人の方々がご自身の仕事に誇りを持てる世の中にしていきたいと考えています。

私の主な事例としては、中古車販売サイトを運営する企業様と伴走させていただき、世界中からアクセスを獲得することで、年商を34億円から1,000億円に拡大したことがあります。ほかにも、月商数十万円のお茶屋さん（日本茶販売サイト）の売上を100倍以上に伸ばすなど、数多くの越境ECプロジェクトで成果を上げてきました。

日本では内需の停滞が続いていることもあり、越境ECに取り組む企業は年々増えています。しかし、ほとんどの企業が成功しておらず、「越境ECサイトを立ち上げたけど売上が上がらない」「何をしたらいいか分からない」と困っています。広告代理店などの支援企業でも、海外での実績があるところは少ない状態です。

本書には、そのような悩みを持っているみなさんのために、私がこれまでに培ったノウハウを詰め込みました。私が得意とする自社ドメインのECサイトを起点とした施策だけでなく、海外のクラウドファンディングやAmazonを駆使した施策に詳しい2人のエキスパートとともに、越境ECの"打ち手"を幅広く収録しています。自社の海外進出を成功に導くため、常に傍らに置き、みなさんのバイブルとして活用していただければ幸いです。

2025年3月　徳田　祐希

目 次

まえがき ・・・ 3

---

chapter 1
前提と方針

海外顧客の理解から
すべてが始まる
・・・・・・・・・・・ 17

1
越境ECを始める好条件は揃った！ ・・・・・・・・・・・ 18
それでも多くの企業が失敗する理由と成功への道筋

2
顧客の理解は生命線 ・・・・・・・・・・・・・・・・・・・・・ 22
海外ユーザーへのインタビューは越境ECにおいて必須

3
SNS投稿やレビューは宝の山 ・・・・・・・・・・・・・・ 26
ソーシャルリスニングで顧客のニーズを把握する

4
施策の優先順位は「線」を意識せよ ・・・・・・・・・・・ 30
競合を理解したうえで売上につながる施策を設計する

5
海外での売り方は1つではない ・・・・・・・・・・・・・ 34
商品の特性ごとに適したプラットフォームを選ぶ

6
2つのPMFで重要指標が決まる ・・・・・・・・・・・・・ 38
カテゴリ＆ブランドPMFと実店舗で分類する6タイプ

7
日本語ECサイトにも海外顧客がいる………42
2 ～ 8% 程度の海外からのアクセスをマネタイズする

8
狙う国のヒントは検索キーワードにあり……44
成功するためのターゲット国と施策の選び方

9
自社から購入する理由を突き詰めろ…………48
中古車越境ECの No.1 企業から紐解く成功の秘訣

10
売れるコンセプトを言語化せよ……………50
岡山デニムブランドが海外進出に成功した理由

11
外国人向け展示会は商品開発の好機…………54
日本の繊維技術から生まれたヒジャブの事例に学ぶ

12
海外向け広告の事前準備は慎重に…………58
各国でメジャーな媒体や広告タイプの調査が必須

13
成約を阻害する7つの大罪………………62
海外顧客を不安にさせる要因をサイト内から排除する

14
ネイティブチェックで第一印象を磨け………68
現地の好みにあわせて言語とUI/UXの品質を高める

15
翻訳ガイドラインで信頼を掴む……………71
複数の翻訳者による差異をなくしてトンマナを統一する

16
「海外だから値上げ」は通用しない ………… 74
日本となるべく同じ価格で提供する姿勢が大事

17
配送を制する者が越境ECを制する ………… 76
配送料や関税が原因のカート落ち、受け取り拒否を防ぐ

---

chapter 2

インバウンド

帰国後にも残る魅力を ……… 79
店舗で伝えよ

18
まず目を向けるべきは身近な外国人 ………… 80
日本にいる顧客への施策が海外在住の顧客にも効く

19
注力すべきSNSはInstagram ……………… 83
インバウンド客を意識したアカウントの構築・運用法

20
リール動画は接客の要 …………………… 88
店舗での動画活用でインバウンド客の接客にも役立つ

21
広告施策の開始は日本在住の外国人から …… 90
インバウンド客だけをピンポイントで狙うのは難しい

22
UGCが生まれる仕掛けを作れ ……………… 92
フォトスポット＋語りたくなるうんちくを用意する

23
Googleマップも多言語対応せよ ………… 95
ビジネスプロフィールを活用して検索に表示されやすく

24 買わない理由を消していけ ························· 98
旅行時に購入されにくい商品を物流サービスで解決する

25 ショップカードでOMOを実現せよ ··········· 100
帰国後のインバウンド客を越境ECサイトに呼び込む

---

chapter 3

自社越境
ECサイト

日本と海外を結ぶ ·············· 103
Web施策設計

26 ECカート選びの5つの掟 ····················· 104
これから越境ECサイトを構築するならShopify一択

27 国ごとに最適な価格を設定せよ ·············· 107
為替や現地の事情を考慮した価格をShopify Marketsで設定

28 決済手段の不安は離脱に直結する ············· 110
Global-eやPayPalを導入して決済ページ以外でも明示

29 越境ECでも階段設計は大事 ··················· 112
「購入」から「会員登録」にハードルを下げる

30 商品を選ぶ基準を顧客に示せ ················· 115
「選べないから買わない」をコンテンツで解決する

31 商品一覧ページを最適化せよ……………………118
ブランドの紹介コンテンツや絞り込み機能で工夫する

32 商品詳細ページは作り込めているか?………120
翻訳やページ制作のコストを抑えたサイト構造にする

33 顧客の理解を深めるブログ記事5選…………123
深掘り、比較、ギフト、選び方、使い方で購入を後押し

34 顧客を行動させるメールの型…………………126
ライフサイクルの5つのフェーズでメールを出し分ける

35 30%以上の開封率を目指せ……………………129
メールマーケティングの基準値を理解して成否を判断する

36 「名前を呼ぶ」はシンプルだけど効く…………132
顧客のパーソナライズを意識して会員登録時の質問を練る

37 リメールは48時間以内に……………………134
未開封&離反ユーザーに再びメールを届けて再訪を促す

38 Shopify Flowでメールを自動化せよ………136
顧客の状況にあわせたメール配信は満足度向上に寄与する

39 レビューは自ら取りにいけ……………………138
Shopifyアプリで効率的に取得してサイトの信頼性を向上

40 顧客の本音はアンケートで聞く ‥‥‥‥‥‥‥ 142
サンクスページやサイト離脱時にアンケートを実施

41 海外SEOはすぐに結果は出ない ‥‥‥‥‥‥ 144
検索広告でターゲットキーワードを見極めるのが先

42 海外SEOに備える3つの要諦 ‥‥‥‥‥‥‥ 147
ブランド名、ドメイン取得、多言語タグの基本を理解する

43 キーワードを選定する2つの軸 ‥‥‥‥‥‥ 152
売上貢献とアクセス貢献で分類して優先順位を決める

44 多言語SEOの罠に落ちるな ‥‥‥‥‥‥‥‥ 155
必要以上に言語を増やすとドメイン全体に悪影響を及ぼす

45 現地競合サイトの調査を徹底せよ ‥‥‥‥‥ 158
自社が勝てるキーワードとコンテンツの指針を得る

46 成約率の向上にGA4は不可欠 ‥‥‥‥‥‥ 162
ユーザーの行動を把握してコンテンツの改善につなげる

47 まずは検索広告で顕在層に迫れ ‥‥‥‥‥‥ 168
購入に近い検索行動をするユーザーにGoogle広告でリーチ

48 広告の改善にはSERP分析 ‥‥‥‥‥‥‥‥ 171
現地ユーザーの目線で検索結果ページを見て気付きを得る

49 商品フィードは広告の次の一手 ……………174
最新の商品情報をもとに Google や Instagram に広告配信

50 無料リスティングは使わないと損 …………176
費用をかけずに商品フィードを活用した広告を配信可能

51 複数国に広告配信するときの考え方 ………180
予算や顧客の行動傾向に応じてキャンペーンを分ける

52 米国最大の商戦BFCMに挑戦せよ …………184
ブラックフライデーとサイバーマンデーに乗り遅れるな

53 セールと広告はワンセット ……………… 188
事前に計画を練り、セールにあわせて広告を強化する

54 クリエイティブにメッセージを込めろ………192
広告のパフォーマンスを上げるための基本的な考え方

55 デッドストックは通年セールで売り切れ …… 194
特定のサイズや色の売れ残りを在庫セールでさばく

56 アンバサダーはファンから選べ………………196
フォロワー数よりもエンゲージメントを重視する

57 インフルエンサーとはWin-Winを重視 …… 199
良好な関係を築いてアフィリエイト経由の売上を最大化

58
予算配分の鍵はRFM分析 202
過去のデータを分析し、今後の施策の優先順位を決める

59
クラファンを越境ECの起爆剤に 204
海外の顧客リストがある状態でスタートダッシュを決める

60
越境ECサイトから卸売につなげる............208
現地で自社商品を販売してくれる業者向けのページを用意

---

chapter 4

**クラウドファン
ディング＆
Amazon**

自社サイト以外の
海外販路を拓け 211

61
クラファンは販路拡大の切り札 212
完全受注生産により在庫リスクを回避する

62
Kickstarterでは独創性が必須 216
欧米に向けた「新しいアイデア」をプロジェクトに

63
2つの目的意識でクラファンは成功する 218
自社越境ECをテストしつつ先進的なファンを獲得

64
公開前の準備は最低3カ月 220
準備が万全でなければ公開後の伸びも期待できない

65
差別化しつつ幅広く対応せよ 223
独創性のある商品を多様な人と国にアピールする

66 目標金額40%以上を初日で目指せ··········· 226
クラファンの勝敗はスタートダッシュで決まる

67 クラファンの告知は
ニュースレターが定番··················· 229
商品にマッチした会員を抱える配信事業者を選ぶ

68 初訪ユーザーはテキストを読まない·········· 232
1スクロール目の画像や動画でベネフィットを伝える

69 目標金額30万円、期間45日が目安·········· 234
あえて目標金額を抑えることで高い達成率を狙う

70 決済・発送まで気を抜くな··················· 236
発送に必要な個人情報は別途回収する必要がある

71 配送トラブルやキャンセルへの対処法········ 238
クラファンで起こり得る不測の事態に備える

72 海外Amazonのメリットは盛りだくさん····· 240
「市場規模が大きい」だけではない複数の魅力がある

73 海外Amazon販売前の7つの準備··········· 243
認証の取得や商標登録、保険加入などの手続きを行う

74 海外Amazonで売れる商品の3要素·········· 246
日本特有の機能性や品質、文化的背景が海外の人に響く

75 物流対策はFBAが本命 · 250
注文処理・梱包・配送を現地のAmazonに任せる

76 商品の選定前にキーワードを選定せよ · · · · · · · 253
月間検索ボリュームが10～30万位のキーワードが狙い目

77 Amazon SEOは売上拡大の起点 · · · · · · · · · · · · 258
検索アルゴリズムを理解して自社商品の上位表示を狙う

78 商品画像は日本基準で考えるな · · · · · · · · · · · · · 262
海外ではシンプルで視覚的に訴える画像が好まれる

79 Amazon広告は必須の施策 · · · · · · · · · · · · · · · · · 265
SEOとセットで展開することで売上増の好循環が生まれる

80 インフルエンサーには
当たって砕けろ · 268
100人以上を目安にコンタクトをとる覚悟で臨む

81 自社ECサイトは信頼の証 · · · · · · · · · · · · · · · · · · · 270
「海外ではAmazonのみで販売するから不要」は誤り

82 挑戦の第一歩はアメリカAmazon · · · · · · · · · · · 272
市場規模の大きさは他国のAmazonを圧倒している

83 欧州AmazonではVAT登録が必須 · · · · · · · · · · 274
輸入時に課された税金の還付申請までをセットで考える

84 外部施策で一挙両得を狙え ·················· 276
Amazonアトリビューションで効果測定＆ボーナス獲得

---

chapter 5
B to B

意識すべきは
リードの数よりも質 ··········· 279

---

85 BtoBでは部門間の連携が肝 ·············· 280
マーケ部門と営業部門が一気通貫で取り組める体制に

---

86 BtoBの顧客はグループで捉えよ ············ 283
複数の購買関与者にあわせたコンテンツを用意する

---

87 ホワイトペーパーは
海外リード獲得に必須 ······················ 286
自社の営業リソース不足と顧客への情報量不足を解決する

---

88 バイヤーの検討段階を可視化せよ ············ 288
BtoBバイヤージャーニーマップで適切なコンテンツを把握

---

89 複数のチャネルで接触回数を増やせ ·········· 290
顧客のメンタルアベイラビリティを高めて存在感を強化

---

90 潜在層へのリーチにはLinkedIn ············· 292
アメリカで約2億人が利用するビジネス特化型SNS

91 BtoBコンテンツ8つの型·····················296
制作時の迷いを減らしつつ、全体のバランスも調整できる

あとがき ··· 299

索引 ··· 301

本書に掲載されている情報について

本書は、2025年3月現在での情報を掲載しています。本書の内容は著者の見解に基づいており、ShopifyやAmazonをはじめとした各サービスとは一切の関係がありません。「できる」「できるシリーズ」は、株式会社インプレスの登録商標です。その他、本書に記載されている製品名やサービス名は、一般に各開発メーカーおよびサービス提供元の商標または登録商標です。なお、本文中にはTMおよび®マークは明記していません。本書の内容はすべて、著作権法によって保護されています。著者および発行者の許可を得ず、転載、複写、複製等の利用はできません。

Copyright © 2025 世界ヘボカン. All Rights Reserved.

Chapter 1

前提と方針

海外顧客の理解からすべてが始まる

1

越境ECを始める好条件は揃った!

それでも多くの企業が失敗する理由と成功への道筋

> インバウンド客の増加や内需の減少といった背景から、越境ECへの追い風が高まっています。しかし、越境ECで成功している企業はひと握りにすぎません。世界から選ばれるには、どうしたらよいのでしょうか?

海外の顧客から日本製品が求められている

本書を手に取ったみなさんには、自社の海外進出を積極的に画策している人が多いことでしょう。中には越境ECサイト、つまり外国語版のECサイトを立ち上げさえすれば、自社商品は海外でも容易に売れるに違いないと考えている人もいるかもしれません。

世界的な新型コロナウイルスの感染拡大をきっかけに、オンラインを活用したグローバル展開に関心を持つ企業が増えています。コロナの収束後は、東京・大阪などの都市部、京都・浅草などの観光地に外国人観光客があふれ、インバウンド需要の高さに驚かされます。さらには円安の進行、国内の人口減少と、本書を執筆している2025年現在において、海外市場に目が向く要因は数多くあります。

実際、経済産業省の調査[※1]では、2023年に米国の消費者が日本から購入した総額は約2兆5300億円で、前年より14.4%増加しています。この数字は、海外市場において日本製品が強く求められていることを示しています[図表1-1]。今、日本企業が海外へ打って出るにあたり、さまざまな好条件が揃っているのです。

※1 令和5年度 電子商取引に関する市場調査
図表1-1は同資料内の「日本・米国・中国3カ国間の越境EC市場規模」をもとに作成。
https://www.meti.go.jp/press/2024/09/20240925001/20240925001-1.pdf

日米中の越境EC市場規模〔図表 1-1〕

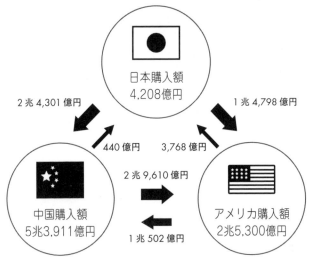

出典:経済産業省「令和5年度 電子商取引に関する市場調査」

越境ECにはノウハウが必要不可欠

　しかし、筆者の知る限り、越境ECで売上を伸ばし、成功している日本企業はごく一部にすぎません。筆者はJETRO（日本貿易振興機構）や中小企業基盤整備機構のセミナーなどで、講師・アドバイザーとして多くの相談を受けてきましたが、売上が伸びないという課題に直面する企業が大半であると実感しています。

　業種にもよりますが、越境ECに関して多くの企業が共通して持っている悩みとしては、次の3つが挙げられます。

- 越境ECサイトを立ち上げたが、思うように売れない
- 何から始めればよいか、どうすれば成功するのか分からない
- 顧客から越境ECの支援を依頼されたが、適切な助言ができない

　越境ECに取り組みたい企業が増える一方で、そのためのノウハウを持つ企業が圧倒的に少ないのが現状です。このままでは多くの企業が、この好機を十分に生かすことなく挫折してしまうでしょう。

世界から選ばれる工夫が必須

「海外市場は日本の数十倍もあるから、売上10倍なんて簡単だろう」と思っている人はたくさんいます。しかし「日本でしか手に入らない」「日本から購入するほうが圧倒的に安い」といった明確な理由がなければ、海外の顧客から選ばれることはありません。

しかも、海外市場には、すでに現地で認知されている強力な競合企業や商品があります。私たちはそうした競合を乗り越えたうえで、選ばれる存在にならなければいけないのです。

最初から厳しいことをいうようですが、越境ECは短期的に成果が出る取り組みではありません。成功するためには、少なくとも1年半～3年は続ける覚悟が不可欠です。そして、以下の図のように「PMF検証」と「グロース」の2つのフェーズに分けて、段階的に進めていくことが成功への道筋となります〔図表1-2〕。

1つ目のPMF検証は、市場調査やテストマーケティングを行って土台を整えてから、海外市場におけるPMF(※2)を検証するフェーズです。2つ目のグロースは、ネット広告やSNSを活用し、海外市場で事業を成長させていくフェーズとなります。

PMF検証からグロースへと移行するまでの期間は、取り扱う商品が海外市場でもともと「売れるモノ」か、自社が「売りたいモノ」かによって異なるでしょう。ただ、2つのフェーズ全体の期間としては、前述した1年半～3年が目安と考えてください。

越境ECを成功に導く2つのフェーズ〔図表1-2〕

> PMF検証 > グロース >

既存の商品がPMFするかを検証
- 調査（ペルソナなど）
- テストマーケティング
- Webサイトの構築
- レビューの取得
- 商品開発 など

PMFした商品を多地域・多ラインアップで展開
- 広告（検索、動画）
- コンテンツの充実
- SNSでの発信
- インフルエンサー連携
- アフィリエイト など

※2 PMF
「Product Market Fit」の略。商品やサービスが、特定の市場において適切に受け入れられている状態を指す。

商品によって売り方は異なる

　本書では越境EC、並びにその売上を加速する海外Webマーケティングを成功に導くための"打ち手"＝施策を解説していきますが、話題として大きく5つに分類でき、それぞれが章に対応しています。本章（Chapter 1）では必要となる前提と大枠の方針を理解し、以降の章は次の話題に対応しています。

- インバウンド需要を取り込んだ販売戦略 (Chapter 2)
- Shopifyなどを活用した自社越境ECサイトの展開 (Chapter 3)
- 海外のクラウドファンディングとAmazonの活用 (Chapter 4)
- BtoB商材での販売戦略 (Chapter 5)

　海外進出でストライクを取る方法は、1つではありません。ぜひ本書を通じて、みなさんのビジネスに適した施策を見つけ、実際のアクションにつなげてもらえればと思います。（徳田）

> 海外で商品を売る方法っていろいろあるんだね。どの売り方が自社商品にあうのかな？

まとめ

海外における日本製品の需要が高まり、市場が拡大しています。しかし、戦略がなければ成功はしません。自社の商品に応じた勝ち方を知る必要があります。

2

顧客の理解は生命線

海外ユーザーへのインタビューは越境ECにおいて必須

> 商品を販売するにあたり「顧客理解」は日本でも海外でも重要な要素です。越境ECで顧客を理解するために最適な方法は、ユーザーインタビューを行うことです。ここでは、インタビューのポイントを紹介します。

売れる商品やコンセプトの手掛かりを見つける

世界に挑戦すると、80億人以上の人々に商品を販売できるチャンスが生まれます。しかし、それは世界中の競合と比較されるということでもあります。越境ECを成功させるには、海外Webマーケティングの戦略をしっかり立て、自分たちが勝てる市場や訴求ポイントを見つけることが不可欠になります。

特に、越境ECでは「海外市場で何を売るか？」が成功を左右します。さらに、同じ商品でもコンセプト次第で結果が変わります。では、その売れる商品やコンセプトをどうやって見つけるのか？ その手がかりになるのが、顧客へのユーザーインタビューです。

もし、すでに海外で自社商品が売れているなら、既存顧客に購入理由や認知経路をヒアリングしてみましょう。まだ売れていない場合は、Instagramのフォロワーや自社サイトの利用者といった見込み客にアプローチしたり、英語圏のユーザーが集まる掲示板型SNSであるRedditで質問や回答をチェックします。こうしたSNSで顧客の声を調査する方法については、次節で詳しく解説します。

最低でも3人に実施して共通点や相違点を探す

　筆者がユーザーインタビューを行う際は、事前にアンケートを送って回答を記入してもらい、その内容をもとにZoomでのインタビューを実施します。このときには、筆者のクライアントの担当者にも同席してもらい、一緒に話を聞きます。

　実際に海外の顧客と話すと、インタビュー中に新しい質問が浮かんだり、話をさらに掘り下げていったりすることがあります。こうしたやりとりを通して顧客理解を深めて、顧客の「解像度」を上げていくのです。

　インタビューは、最低でも3人に実施することをおすすめします。3人にN1インタビュー（※1）を行った後に、共通点や相違点を整理しながら、ペルソナを描き出していきます。こうして顧客像をより鮮明にすれば、より質の高い施策を実行できます〔図表2-1〕。

1時間程度のインタビューで網羅的に聞くのがコツ

　インタビューの時間は1時間ほどを目安に、顧客自身のこと、購入のきっかけ、サイトの使い勝手などを質問するとよいでしょう。質問項目の例を次ページに記載します。

顧客の解像度が上がるほど施策の質も上がる〔図表2-1〕

※1　N1インタビュー
特定の1人の顧客を対象に、商品やサービスに関するさまざまな質問を行うインタビュー手法のこと。

- ユーザー個人について

- 購入のきっかけ、認知経路

- サイトへの経路、情報収集の方法

- 商品購入の決め手、購入時の不安

- 商品について（頻度、購入額、満足度、不満など）

- トップページから購入までの利用の再現（ユーザーテスト）

顧客の声を踏まえたサイト改善で売上が15倍に

　ある越境ECサイトのグロースプロジェクトで、筆者がユーザーインタビューを行った事例を紹介します。インタビューを実施した時点では、そのサイトの顧客数はごくわずかで、月の売上は5〜10万円でした。

　インタビューを通して、顧客の考え方や気持ちとして見えてきたのは、次のようなポイントです。

- 日本が好きで、特に日本の伝統工芸品に興味がある

- サイトの英語に違和感がある

- About Usページの情報が少なく、本当に信頼できるサイトなのか不安だった

- 似た商品が多く、どれが自分の目的にマッチするのか分からず、購入を躊躇した

　これらの声を受けて、まずサイト内のAbout Usページのコンテンツを充実させ、英語をネイティブスピーカーにチェックしてもらい、リライトしました。さらに、「商品の選び方」に関するコンテンツを作成し、商品を絞り込みやすくした結果、売上は最終的に15倍まで伸びました。

　インタビューを成功させるためには、いくつか大切なポイントがあります。まず、インタビュアーのスキルが聞き出せる内容に大きく影響します。適切な質問やタイミングでなければ顧客の本音を引き出せず、表面的な回答で終わってしまうからです。

また、異なる文化圏の顧客に対しては、その国特有の価値観や文化を理解してからインタビューに臨むことが重要です。筆者がインタビューを行う場合、経験豊富なネイティブのスタッフがインタビューを担当しています。

　さらに、設問は「考え」ではなく「行動」に焦点を当て、ユーザーの考えを誘導しないように順序にも注意します。そして、得られた情報から、なぜそのような行動を取ったのかを分析することが成功への鍵になります。(徳田)

> **まとめ**
> 越境ECでの顧客理解には、ユーザーインタビューが有効です。インタビューによって深い洞察が得られるだけでなく、顧客の購買行動や不安な点を把握できます。

1 前提と方針

3

SNS投稿やレビューは宝の山

ソーシャルリスニングで顧客のニーズを把握する

> 前節でユーザーインタビューの重要性を解説しましたが、実施できないこともあるでしょう。その場合は、SNSやレビューサイトに投稿されている意見を分析する「ソーシャルリスニング」を行います。

顧客の意見を通してニーズや改善点を知る

新規ビジネスの企画や商品・サービスの改善には、ターゲットとなる顧客像を明確にすることが極めて重要です。しかし、外国人や潜在的なユーザーへのインタビューおよびアンケートは、対象者を見つけることが難しく、実現できないことがあります。

こうした課題に対しては「ソーシャルリスニング」が有効です。これはSNSやレビューサイトなどに投稿されているターゲットユーザーの意見や感想を収集し、分析する手法を指します。

SNSではターゲットユーザーが日常的に意見を発信しており、リアルタイムの反応を知ることができます。また、レビューサイトでは購入者が商品について具体的な意見を詳細に述べることが多く、商品の強みや改善点を知るための参考になります。ターゲットや顧客の「生の声」を分析し、越境ECの施策に生かしましょう。

筆者がソーシャルリスニングの調査対象として重視しているのは、Instagram、Facebook、X（旧Twitter）、Reddit、Amazonの5つです〔図表3-1〕。以降の解説も参考に顧客像を把握してください。

ソーシャルリスニングの調査対象〔図表 **3-1**〕

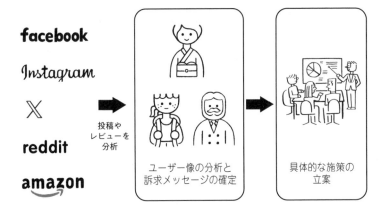

Instagramでは関連ハッシュタグを調査

　Instagramは、写真や動画などの視覚的な情報が中心のプラットフォームです。ここでソーシャルリスニングを行う際には、ハッシュタグの追跡、およびストーリーズとリールの分析が有効です。

　ハッシュタグの追跡では、まずは「#mybrand」のように自社のブランドや商品の英語表記を検索します。投稿が見つかったら、その中で一緒に使われている他のハッシュタグ、つまり自社と関連するハッシュタグを調べて、検索を繰り返してみましょう。

　関連ハッシュタグを含む投稿を分析すれば、ユーザーの関心やニーズを把握できます。また、自社のブランドや商品のタグを付けているユーザーはファンである可能性が多いため、顧客の関心やニーズをより深く理解するうえで役立ちます。この方法は、他のプラットフォームでもそのまま応用が可能です。

　一方、短期間で消える投稿形式であるストーリーズやリール動画を分析すると、自社商品がどのような場面で利用されているのかが把握できます。投稿に使われているBGMや動画の演出方法を分析すれば、ユーザーの好みを理解できるため、今後のコンテンツ制作やマーケティング施策にも役立ちます。

筆者の事例では、経年変化（エイジング）を楽しむことでブランド認知のあるアパレルメーカーが海外ユーザーのハッシュタグを調査したところ、「商品のサイズ感やエイジングの詳細が分からず、購入を迷っている」という声が多いことに気付きました。そこで、自社アカウントのストーリーズで着用イメージやエイジングの魅力を紹介する投稿を行ったところ、売上が5倍に増加しました。

Facebookは幅広い世代の声、Xはリアルタイムの反応が貴重

Facebookは、幅広い年齢層のユーザーが利用するプラットフォームです。まずは自社のFacebookページを開設し、海外の人々から寄せられるコメントを確認しましょう。特に、新商品に対する反応や改善要望が多く寄せられる投稿は必ず確認します。

さらに、商品や業界に関連するFacebookグループに参加し、ユーザー同士の意見交換を観察すれば、ターゲットに近い顧客の考えや課題、商品への期待を知ることができます。筆者が特定車種用のカスタムパーツや高級オーディオ機材を扱う企業を支援した際には、Facebookグループから海外の販売店名やユーザーの興味、購入時の不安点などを把握できました。

Xは短文でのリアルタイムな情報発信を特徴とするため、顧客の率直な意見が現れやすいプラットフォームです。まずは英語で話題になっているハッシュタグやトレンドワードを追跡し、自社商品に関連するテーマが含まれていないかを確認しましょう。また、顧客がどのようなキーワードで商品を語っているのかを把握します。

その中でリポストや「いいね」の数が多い投稿は、ターゲットの関心が高いテーマです。内容やトピックを調査しましょう。

海外レビューを確認したいならRedditを活用

Reddit[※1]は、5つの中で最も馴染みがないと感じる人が多いでしょう。アメリカの掲示板型SNSプラットフォームで、英語圏のユーザーに人気があります。多様なトピックについて意見交換が行われていますが、特定分野に詳しい「濃いユーザー」が多く集まる

※1 Reddit
https://www.reddit.com/

「サブレディット」を調査してみるのがおすすめです。

自社の業界や商品に関連するサブレディットを特定し、ユーザーが投稿する話題や質問、回答内容などをチェックしましょう。例えば、ファッション関連なら「r/malefashionadvice」、テクノロジー関連なら「r/gadgets」が参考になります。自社や競合の商品に関連するキーワードで検索し、投稿やコメントを分析することで、ユーザーの意見や商品に対する評価を把握できます。

さらに、自社でAMAセッション[※2]を開催し、ユーザーからの質問に答えることで、顧客の声をリアルタイムで聞くこともできます。AMAセッションは信頼性を高め、ブランドのエンゲージメントを促進する手段としても有効です。

SNSよりも詳細な意見を把握できるAmazon

世界最大級のオンラインショッピングサイトであるAmazonは、商品のレビューが非常に豊富で、顧客のニーズや不満を詳細に把握できる情報源です。

最近では「Customer reviews」の冒頭に、AIによってレビュー全体を要約した「Customers say」（日本では「お客様のご意見」）というセクションが追加されました。商品に対する評価の傾向が簡潔にまとまっており、重要なキーワードを把握するのに便利です。

とはいえ、レビューの1件1件を読み、詳細をつかむことも重要です。特に、他のユーザーから「Helpful」（日本では「役に立った」）を多く集めているレビューは、共感を呼ぶ意見が含まれていることが多いため、内容をしっかりと読み込んで顧客のニーズや期待に応えるためのアイデアを見つけていきましょう。（徳田）

> **まとめ**
>
> ソーシャルリスニングは、各プラットフォームの特徴を理解して多角的な情報収集を行うことで、ターゲット層のニーズや本音を把握し、商品・サービスの改善に役立てられます。

※2　AMAセッション
AMAは「Ask Me Anything」の略。

4

施策の優先順位は「線」を意識せよ

競合を理解したうえで売上につながる施策を設計する

> 越境ECにはさまざまな施策があるので、優先順位を付けて実施していく判断が必要です。まずは競合サイトの流入を調べてください。そこからSEOやSNSの活用というように、施策を広げていきます。

競合のWebサイトがどこから集客しているのかを把握

　本書では越境EC＆海外Webマーケティングの"打ち手"を91個紹介しますが、すべての施策を一度に実行するのは、人的リソースや予算の面からも難しいでしょう。そのため、施策の優先順位を付け、何をすべきか、何を後回しにするべきかを考える必要があります。その優先順位を決めるためのリサーチ方法を紹介します。

　まず、競合サイトがどこからユーザーの流入を獲得しているかを確認してみましょう。競合サイトの流入チャネルや国別の流入データを調べるには、イスラエル発の競合調査ツール「Similarweb」(※1)が便利です。すでにターゲット市場で成功している企業が、どのチャネルを活用しているのかを知ることができます。

　例えば、次ページの図では「ダイレクト」と「オーガニック流入」が多いので、SEOが重要だと考えられます〔図表4-1〕。Similarwebは無料アカウントでも、いくつかのデータの確認が可能です。ただし、競合のサイトの流入傾向を参考にして、そのまま同じ手法を取れば成功するわけではない点には注意が必要です。

※1　Similarweb
https://www.similarweb.com/ja/

Similarwebの流入チャネルと国別流入の表示例〔図表 4-1〕

特に、海外SEOは施策を実行してから順位やアクセスに反映されるまでに、3カ月から半年ほどかかります。そのため、海外SEOを実施しようとしているキーワード群に対しては、できればGoogle広告を出稿して効果の高いキーワードを先に見つけておくと、SEO施策を無駄なく進められます。

日本と海外では顧客が購入を決定する要因が異なる

次に、競合サイトがコンテンツやSNSでどのような情報を発信しているのかを確認することが大切です。複数の競合サイトのチャネル別流入数や発信しているコンテンツを確認すると、顧客に響く「鉄板コンテンツ」が見えてきます。

例えば、ある日本酒販売サイトでは、日本向けには「〇〇産」といった産地に関する情報が多く掲載されていました。しかし、海外向けの日本酒販売サイトを複数見てみると、産地情報よりも「甘味」「酸味」といった味に関するチャートや、その日本酒にあう料理のリスト、さらには海外で受賞したアワードの情報が強調されています。このように、日本国内と海外では顧客が購入を決定する要因や基準が異なることがあります。

顧客が自社を知るきっかけと、深く知る施策を考える

　実際に施策を考える際には、顧客にとって「自社や商品を最初に知るきっかけとなる施策」と、「自社や商品のことをより深く理解してもらうための施策」を組み合わせて考える必要があります。施策を「点」で考えるのではなく、一連の流れとして「線」で考え、全体のポートフォリオを作っていきましょう。

　例えば、自社や商品を最初に知るきっかけとなる施策としては、次の2つのような「線」が想定できます。

- 海外の見込み客がMeta動画広告を目にし、自社サイトを訪問
- サイト閲覧時にメルマガ登録のポップアップが表示され、登録

　また、自社や商品のことをより深く理解してもらうための施策としては、次の3つの「線」を意識してみましょう〔図表**4-2**〕。

- ステップメールが届き、企業のストーリーや商品の特徴を知る
- メールを読むうちに興味が湧き、最終的に商品が欲しくなる
- メールから商品詳細ページに移動し、購入する

メールを通して商品の購入を促す流れ〔図表**4-2**〕

よくある話ですが、社長同士の会話で「Instagramを始めたら越境ECで売上が伸びた」などの成功例が断片的に伝わった結果、社長が担当者に「すぐにInstagramを始めて売上を伸ばせ!」と指示し、プロジェクトが急に始まることがあります。しかし、そうして始まった施策が上手くいくかどうかは怪しいものです。

重要なのは「何をやるか」ではなく、「顧客がどこにいるのか」「どういった情報を得たうえで、商品を購入しようと決めるのか」を考えることです。施策の優先順位を考えるときは、常にこの視点を軸に検討するようにしましょう。(徳田)

> すぐにできる施策を無計画にやるよりも、全体の流れを意識することが大切だね!

> **まとめ**
> 越境ECのすべての施策を一挙に実行するのは現実的ではありません。限られた予算や人的リソースをどこに割くべきかを考えることが、成功の第一歩です。

5

海外での売り方は1つではない

商品の特性ごとに適したプラットフォームを選ぶ

海外で商品を販売する際、すべての商品を同じ方法で販売してもうまくいきません。商品の特性に応じて、販売するプラットフォームを変える必要があるためです。自社商品の最適な売り方を検討してください。

商品を認知度・実績×提供価値で分類

「越境ECを始める」というと、多くの人が「自社ECサイトの外国語版を立ち上げる」ことをイメージするのではないでしょうか。しかし、P.21でも述べたように方法は複数存在します。

よって、準備の段階では「どのような方法で自社商品を海外で売るか?」という判断が必要になります。これはShopifyやAmazonなど、「どのプラットフォームを利用して商品を販売するか?」とも言い換えられ、それぞれに適した商品を理解しておくべきです。

このときの考え方として、筆者は次ページに図示した「価値のマトリクス」をよく用います〔図表5-1〕。これは縦軸を認知度・実績、横軸を提供価値（情緒的か、実利的か）として分けた4象限に商品やブランドを当てはめたもので、商品の特性に応じた最適なプラットホームを判断するうえで役立ちます。

もちろん、縦軸は日本ではなく「海外での」認知度・実績であることを意識してください。以降は4象限のそれぞれについて、代表的な商品や適したプラットフォームを見ていきます。

価値のマトリクス〔図表 5-1〕

実績あり

評判価値
情緒的な価値が高く、
実績がある商品

実利価値
機能的な価値が高く、
実績がある商品

情緒 ─────────────────── 実利

共感価値
情緒的な価値は高いが、
実績はない商品

保証価値
機能的な価値は高いが、
実績はない商品

実績なし

「評判価値」の商品は顧客へのリーチが鍵

　「評判価値」の商品には、認知度・実績が高く、情緒的な価値を提供するものが該当します。越境ECにおいては、中古ブランド品や中古時計が代表例として挙げられるでしょう。海外でも多くの人が知っていて、手にするだけで満足感が得られる商品です。

　こうした商品では、ネット広告などを活用し、それを探している海外の顧客に継続的にリーチし続けることが重要です。仕入れに強みがあれば、世界最大規模のマーケットプレイスである「eBay」[※1]や、高級腕時計を扱う「Chrono24」[※2]などで、一定の売上を期待でききるでしょう。

　ただし、それらのマーケットプレイスには、手数料や規約変更による課金体系の変化といったリスクがあるため、依存のしすぎには注意が必要です。そのため、マーケットプレイスを活用しながらも、Shopifyで構築した自社の越境ECサイトで商品を販売し、そこでの購入機会を増やす取り組みも欠かせなくなっています。

※1　eBay
https://www.ebay.com/

※2　Chrono24
https://www.chrono24.com/

「実利価値」の商品は自社を選ぶ理由を明確に伝える

　「実利価値」の商品には、認知度・実績が高く、機能的な価値を提供するものが該当します。越境ECにおいては中古車や中古医療機器が代表例で、海外のユーザーやバイヤーは商品名、あるいは型番で検索して商品を探しています。

　ここに該当する商品では、顧客が求める予算内の金額で提供できるかどうかが、最も重要なポイントになります。また、エンドユーザーだけでなくバイヤーやブローカーも多く購入するので、小売や卸などの業者とのBtoB取引も発生します。

　企業の顧客と継続的な接点を持ち、自社を選ぶ理由を明確に伝えていくために、自社越境ECサイトでの販売を主な方法として検討するとよいでしょう。

「共感価値」の商品はファンの獲得が最優先

　「共感価値の商品」には、認知度・実績が低く、情緒的な価値を提供するものが該当します。越境ECにおいては、日本の伝統工芸品やアパレル関連が該当します。

　こうした商品は、最初からeBayやAmazonなどの大規模マーケットプレイスで販売しても、すでに出品されている類似商品との差別化が難しく、うまくいきません。商品が持つ独自の魅力を丁寧に伝え、海外のファンを獲得していくことが最優先となります。

　適したプラットフォームとしては、Kickstarterなどの海外クラウドファンディングが挙げられます。詳しくはChapter 4で解説しますが、Kickstarterでは独創性にあふれたプロジェクトが人気となるため、認知度・実績が低い、つまり多くの人に知られていないことを強みにできる可能性があります。

　また、商品の魅力を丁寧に伝えるうえで、自社越境ECサイトを活用することも重要です。商品の素材や製造過程など、こだわりのポイントをしっかり伝えてファンを獲得しましょう。その後に購入場所としてAmazonへ誘導する方法も考えられます。

「保証価値」の商品はアーリーアダプター層に訴求

「保証価値」の商品には、認知度・実績が低く、機能的な価値を提供するものが該当します。例えば、斬新なデジタルガジェットや電化製品、乗り物など、今まで世の中に存在しなかった機能的な価値をアピールする商品です。ほかにも、マイナス40℃でも寒くないジャケットのように、圧倒的な機能を提供する無名ブランドの商品なども該当するでしょう。

この商品群でも、多くの人に知られていないことが逆に強みになり得るため、イノベーターやアーリーアダプター(※3)にアプローチできるKickstarterなどの海外クラウドファンディングを活用するのが有効です。さらに、クラウドファンディングで支援を得た後も、ユーザーとの接点を定期的に持ちつつ、自社越境ECサイトで商品を定期的に販売する、といった二段構えの戦略をとると、中長期的に売上を維持しやすくなるでしょう。

これまでに誤った販売方法やプラットフォームで越境ECに挑戦し、売上が上がらずに悩む企業を多く見てきました。商品の特性に応じたプラットフォームの選択は越境ECの基本なので、取り組みを本格的に開始する前に、必ず理解しておいてください。(徳田)

1 前提と方針

> **まとめ**
> 越境ECにはさまざまなプラットフォームがあります。商品の特性やフェーズを理解し、適切なプラットフォームの組み合わせを選びましょう。

※参考:著者によるYouTube動画
はじめての越境EC 製品の特徴別 戦略の考え方
https://youtube/V8ULtetRs-A?si=gaqPD4OxtPvT3Zv3

※3 アーリーアダプター
新しい商品やサービスを早期に購入する傾向がある消費者のこと。イノベーター理論における分類の1つ。

6

2つのPMFで重要指標が決まる

カテゴリ＆ブランドPMFと実店舗で分類する6タイプ

> 販売する商品のカテゴリやジャンルが海外の市場で受け入れられているかは、KGI/KPIを設定するうえで重要な要素の1つです。PMFと実店舗の有無から、自社商品がどこに該当するかを見ていきましょう。

2つのPMFと実店舗の有無で方向性が変わる

越境ECを進めるうえで、ターゲットとする海外市場において自社商品がPMFしているか否かは、施策の方向性を決める重要な判断基準となります。PMFとはP.20でも述べた通り、特定の市場において商品が適切に受け入れられている状態を指します。

筆者は、越境ECで検討すべきPMFには「カテゴリPMF」と「ブランドPMF」の2段階があると考えています。カテゴリPMFとは、商品が属する特定のカテゴリやジャンルが海外市場で受け入れられている状態です。そしてブランドPMFとは、カテゴリPMFから一歩進んで、商品の特定のブランドや型番が受け入れられている状態です。

この2段階のPMFに、さらに実店舗の有無という条件を追加して樹形図に表したのが、次ページの図です〔図表6-1〕。カテゴリPMFしているか否か、ブランドPMFしているか否か、そして実店舗があるか否かで枝分かれしていくと、越境ECのタイプを6つに分類できます。これらに自社を当てはめていくと、越境ECにおいて効果的な施策や、KGI [※1]/KPI [※2] に置くべき指標が見えてきます。

※1 KGI
「Key Goal Indicator」の略で、「重要目標達成指標」のこと。売上など、ビジネスにおける最終目標に対する達成度合いを評価する指標。

※2 KPI
「Key Performance Indicator」の略で、「重要業績評価指標」のこと。KGIを達成するために設定する中間指標。

越境ECのタイプを決める樹形図〔図表6-1〕

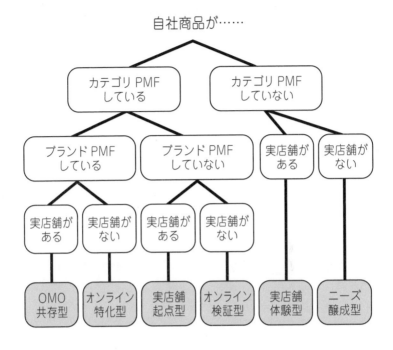

「OMO共存型」はオンラインとオフラインの連携が効果的

　カテゴリPMFとブランドPMFを達成しており、かつ実店舗がある場合は「OMO(※3)共存型」というタイプに分類できます。

　例えば、中古ブランド品や中古腕時計を思い浮かべてください。これらは商品のカテゴリとブランドの両方が、海外市場で受け入れられている(すでに認知されている)状態です。このような商品を越境ECサイトのほか、海外の実店舗、または国内の実店舗で外国人向けに販売している企業が、OMO共存型に当てはまります。

　このタイプでは実店舗を生かした施策が効果的で、越境ECサイトに店舗情報を掲載し、来店を促すとよいでしょう。実店舗の存在を明示することで、顧客の不安を払拭する効果も期待できます。

※3　OMO
「Online Merges with Offline」の略。オンライン（ECサイト）とオフライン（店舗）の融合により、顧客体験向上の実現を目的とするマーケティングの概念。

「オンライン特化型」はスペックや状態の明示で購入を促す

カテゴリPMFとブランドPMFを達成しているが、実店舗がない場合は「オンライン特化型」に分類できます。例えば、中古車を越境ECで販売する企業などが代表例でしょう。

実店舗がなくても、カテゴリとブランドの両方でPMFを達成しているため、オンラインのみで十分に売れる可能性があります。中古車以外にも、自社越境ECサイト上でスペックや状態が確認できれば購入に結びつく商品が該当します。

「実店舗起点型」は来店を促して商品の魅力を伝える

カテゴリPMFを達成しているが、ブランドPMFは達成しておらず、かつ実店舗がある場合は「実店舗起点型」に分類できます。このタイプは、日本の伝統工芸品を扱う土産物店などが該当します。

日本の伝統工芸品は、商品のカテゴリとしては外国人にも広く認知されていますが、特定の人気ブランド以外は知られておらず、人気が偏っています。そのため、実店舗への来店を促し、現物を体験させることで興味を持ってもらい、購入へとつなげるアプローチが有効です。

例えば、日本の実店舗において外国語で接客できる体制を整えたうえで、Instagramを活用して外国人観光客を呼び込む施策 (P.83を参照) などが考えられます。

「オンライン検証型」はブランドを強くすることが最優先

カテゴリPMFは達成しているが、ブランドPMFは達成しておらず、実店舗もない場合は「オンライン検証型」に分類できます。このタイプは新しく立ち上げたD2C (※4) ブランドなどが該当し、まずはブランドPMFの達成が最優先となります。

例えば、オンラインで集客したうえで、外国人向けの展示会 (P.54を参照) やポップアップイベントに参加し、外国人の間での認知を高めたり、反応を観察したりする施策が考えられます。

※4　D2C
「Direct to Consumer」の略。流通業者や小売店を介さず、自社ECサイトなどで直接商品を販売する仕組み。

「実店舗体験型」「ニーズ醸成型」はまずニーズの育成を

カテゴリPMFもブランドPMFも達成していないが、実店舗がある場合は「実店舗体験型」に分類できます。このタイプは、海外で商品の検索ニーズや類似商品の販売がない状態が該当します。

いかにして2つのPMFを達成するかが施策の目的になってきますが、例えば、日本の実店舗で外国人観光客に体験してもらうことで、潜在ニーズを顕在化できる可能性が高まるでしょう。

カテゴリPMFもブランドPMFも達成しておらず、実店舗もない場合は「ニーズ醸成型」に分類できます。このタイプでは、まず外国人の潜在層を集め、ニーズを育てる施策からスタートします。具体的には、海外クラウドファンディングを活用し、イノベーターやアーリーアダプターにアプローチしましょう。

ここまでに解説した6つのタイプで、KGI/KPIとして置くべき指標をまとめると下表のようになります〔図表6-2〕。自社のタイプを把握したうえで、重点的に追うべき指標を理解しておいてください。 (徳田)

6つのタイプごとのKGI/KPI 〔図表**6-2**〕

	指標	OMO共存型	オンライン特化型	実店舗起点型	オンライン検証型	実店舗体験型	ニーズ醸成型
KGI	実店舗の売上、売上上昇率	○		○		○	○
	越境ECサイトの売上、売上上昇率	○	○	○	○	○	○
KPI	顧客数	○	○	○	○	○	○
	顧客単価	○	○	○	○	○	
	越境ECサイトのセッション数	○	○	○	○	○	○
	成約率	○	○	○	○	○	
	会員登録数	○	○	○	○	○	○
	実店舗からの引き上げ率	○					
	実店舗のインバウンド来客数	○		○		○	

> **まとめ**
>
> 自社商品の海外での認知度や実店舗の有無によって、施策の優先順位や重視すべき指標が異なります。効果的な戦略を意識しましょう。

1

日本語ECサイトにも
海外顧客がいる

2〜8%程度の海外からのアクセスをマネタイズする

日本語のECサイトがあるなら、越境ECを始める前にテストマーケティングを行いましょう。日本語サイトにも海外のユーザーからのアクセスはあるので、海外からの購入が可能なツールを準備します。

日本語サイトを訪れる海外ユーザーを顧客化する

越境ECが上手くいかない理由の1つに、調査やテストマーケティング不足があります。いきなり「Shopify」[※1]で自社越境サイトを構築しても、顧客のニーズや購入決定要因を把握していないため十分な集客や接客ができず、思ったより売れないと落胆してしまいがちです。「WorldShopping Biz」[※2]（WSB）のようなツールを活用し、既存の日本語ECサイトでマネタイズができるかをテストしてみましょう。

一般的に、日本語ECサイトでも海外ユーザーからのアクセスは2〜8%程度あるといわれており、主に海外在住の日本人や、日本語で検索する外国人がアクセスしています。しかし、通常のECカートでは海外の住所が入力できなかったり、決済手段が対応していなかったりするため、購入に至らないケースが多いのです。

そこでWSBを導入すると、海外からのアクセス時にのみ、海外対応のカートが表示されます。このカートを使えば、海外の住所入力や現地の決済手段を利用できるため、スムーズな購入が可能です。しかも、WSBであれば海外取引を直接行う必要はありません。

※1　Shopify
https://www.shopify.com/

※2　WorldShopping Biz
https://www.worldshopping.biz/

WSBなら税務や法務、海外配送の心配は無用

WSBの仕組みとしては、自社とWSBを提供するZigzag社[※3]の間で国内取引が発生し、Zigzag社が商品を買い取ったうえで海外に発送します。WSBへの対応は「①日本語サイトにWSBを導入」「②日本語サイトをもとに英語サイトを作成し、WSBを導入」「③Shopifyで英語サイトを構築し、WSBを活用」というフェーズで行いましょう。

まずは①で、既存の日本語サイトに訪問している海外ユーザーが商品を購入できるようにして、マネタイズを行います。次に②のフェーズに移り、英語の検索キーワードからの流入を増やし、海外からの売上比率を伸ばしていきます。最後に③のフェーズとして、海外向けのCRM（メルマガ）やコンテンツを提供します。税務、法務、海外配送などはZigzag社に委託するという流れです。

小規模なテストマーケティングを行い、海外で一定の売上が確認できてから本格的な対応を進めましょう。例えば、前述のフェーズ③で月商30万円以上の売上が発生するようになれば、本格的に越境ECへ参入するタイミングと見なすことができます。

Shopifyの構築後も日本語サイト＋WSBは維持

苦い経験をした事例を紹介します。ある企業が日本語サイトにWSBを導入した結果、月商が100万円を超えたので、Shopifyで越境ECサイトを立ち上げた後、日本語サイトのWSBを解約しました。

しかし、英語の越境ECサイトだけでは、日本語サイト＋WBSの売上を上回れませんでした。引き続き、日本語サイトで購入する顧客が一定数いたのです。また、海外の消費者はとてもシビアに価格を見ているので、日本語サイトと越境ECサイトで大きく価格差があると、日本語サイトから購入する傾向があります。（徳田）

> **まとめ**
>
> いきなり越境ECサイトを立ち上げても、思ったほど購入されない場合があります。日本語ECサイトを活用してテストマーケティングをしながら、拡大していきましょう。

※3　Zigzag
https://www.worldshopping.biz/

※参考：著者によるYouTube動画
最短1日で世界125か国に海外販売ができる
worldshopping.bizとは？
https://www.youtube.com/watch?v=1-qdcMZhfBI

8

狙う国のヒントは
検索キーワードにあり

成功するためのターゲット国と施策の選び方

越境ECでは、ニーズのある国をターゲットにすべきです。しかし、そのニーズの有無はどう判断すべきでしょうか？ Google広告のキーワードプランナーで検索ニーズを調査するところから始めましょう。

検索キーワードから市場を調査

越境ECサイトの立ち上げを検討するにあたっては、自社商品のニーズがある国を把握することが重要です。どの国をターゲットに商品を販売するかを考え、各国の検索ボリューム検索結果の状態を調査すれば、注力すべき市場が見えてきます。

中でも、最初に把握すべきなのが検索ニーズです。Google広告のキーワードプランナー[※1]を使い、自社商品に関連するキーワードの検索ニーズ（検索ボリューム）を確認してみましょう。Google広告のアカウントがあれば無料で利用できます。

キーワードを英語で入力したあと、対象地域から［日本］を削除して［全地域］の状態にします。その後、画面右側の［Charts］から［Breakdown by location］を選択すると、そのキーワードの検索ボリュームが多い上位の国を確認できます。

販売先の国が決まっていない場合、キーワードの検索ボリュームが多い国で、かつ自社商品が買える可処分所得のある国を優先して選定することを推奨します。

※1　キーワードプランナー
https://ads.google.com/intl/ja_jp/home/tools/keyword-planner/
Google広告の管理画面で、メニューの［ツール］から［プランニング］→［キーワードプランナー］を選択しても表示できる。

キーワードエクスプローラーでグローバルの検索ニーズを調査

グローバルでの検索ニーズをより詳細に調べるには、有料のツールになりますが、Ahrefs(※2)のキーワードエクスプローラー(※3)が役立ちます。以下の画面は「matcha」(抹茶)というキーワードを調査した結果を表しています〔図表8-1〕。

「グローバル検索ボリューム」や「関連キーワード」のほか、競合サイトを考慮したうえで検索上位トップ10に入るための「キーワード難易度」が分かります。さらに「SERP概要」として、そのキーワードで実際に上位表示されている競合サイトと、各サイトの詳細データも確認できるようになっています。

キーワードエクスプローラーでの調査例〔図表8-1〕

検索ボリュームに加え、関連キーワードを調べることも可能

検索ボリュームからキーワードの活用方法を考える

各国での検索ニーズを把握できたら、そのキーワードをどう活用していくかを考えていきます。順序としては、以下の図で示すように①検索ニーズ、②売上貢献の可能性、③キーワードの難易度、④CPC(クリック単価)をもとに、Google広告とSEOのどちらで流入を獲得していくかを判断します〔図表8-2〕。

※2 Ahrefs
https://ahrefs.com/
シンガポールの企業が提供するSEO分析ツール。日本では株式会社フルスピードが運営。

※3 キーワードエクスプローラー
https://ahrefs.com/ja/keywords-explorer
Ahrefsの機能の1つ。ライトプラン(月額21,890円、税込)から利用可能。

検索ニーズがないキーワードについては、この時点で売上貢献可能性が低いと考えて優先度を下げます。一方、検索ニーズがあるキーワードについては、②③④を考慮した結果、以下に記載する4つの施策に分けて検討します。

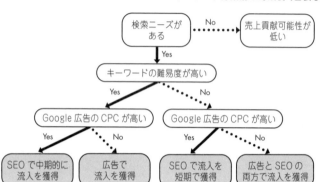

キーワード分類別の対策例〔図表8-2〕

SEOで中長期に流入を獲得

　売上貢献の可能性は高いものの、キーワードの難易度が高く、CPCも高い場合、Google広告では費用対効果があわないことが多くなります。広告の優先度をやや下げ、中長期的にSEOを進めるのが有効です。

広告で流入を獲得

　売上貢献の可能性が高く、キーワードの難易度が高いがCPCが低い場合、短期的かつ低コストで流入を獲得できるため、Google広告を優先します。費用対効果を高めるためにも、優先度の高い施策になります。

SEOで流入を短期で獲得

　売上貢献の可能性が高く、キーワードの難易度が低く、CPCが高い場合は、SEOでの流入が理想的です。この場合、コストを抑えつつ効果的に流入を得られます。売上貢献の可能性とアクセス貢献は、P.150でも解説します。

広告とSEOの両方で流入を獲得

売上貢献の可能性が高く、キーワードの難易度が低く、CPCも低いキーワードは、Google広告とSEOの併用が有効です。「SEOで上位表示されているキーワードなら、Google広告は不要では?」と聞かれることがよくありますが、予算に余裕がある場合は両方で上位表示を狙い、幅広い流入を確保するのがおすすめです。

ターゲット国は絞るべきか? 全世界で展開するか?

越境ECに取り組む初期の段階では、「ターゲット国を絞って展開していくべきか?」という質問もよく聞きます。これに対する筆者の回答しては、「顧客のニーズや物流の状況に左右されるため、それぞれのケースに応じた判断が必要」ということになります。代表的なアプローチとしては「①特定の国に絞って展開する」「②特定の国に絞らず、全世界で展開する」の2つが考えられます。

例えば、特定の国に自社が利用可能な物流倉庫があり、そこから各エリアへの配送が可能な場合は、①のほうが効果的です。ECサイトの配送設定やGoogle広告のターゲットはその国に絞り、現地の市場に特化した対策を行うのがよいでしょう。現地に根ざしたインフルエンサーやメディアの活用も有効です。

一方、Matcha（抹茶）のように世界中にファンがいる商品を自社で扱っているのであれば、特定の国に絞る必要はないため、②の方針をとるべきです。この場合、Google広告の予算を成約率の高い国に集中させつつ、SEOで全世界からの流入を狙う戦略が効果的となるでしょう。（徳田）

> **まとめ**
>
> 検索ニーズを調べることで、ターゲットとする国や施策を判断できます。また、商品によってはターゲット国を絞ったほうがよい場合と、全世界を狙える場合があります。

9

自社から購入する
理由を突き詰めろ

中古車越境ECのNo.1企業から紐解く成功の秘訣

海外で中古車を販売するビィ・フォアード社が、アフリカの中古車市場で成功した事例を紹介します。現地メーカーの新車ではなく、日本の中古車が選ばれる理由に「現地の課題に寄り添った対応」があります。

なぜビィ・フォアード社はアフリカ市場で成功したのか

主にアフリカで中古車を販売し、年間売上が1,000億円以上と圧倒的な実績を持つ株式会社ビィ・フォアード[※1]。同社は実利価値商品を扱う事業者として、最も成功してる越境EC企業の1つです。

同社は2011年の時点で、中古車越境ECプラットフォームにおけるトップセラーを記録していましたが、そのプラットフォームの課金体系が変わったことを機に筆者に相談いただき、自社越境ECサイトを強化することになりました。中古車に関するキーワードでのSEOやネット広告への長期的な投資はもちろん、越境ECにおける顧客の不安や疑問を丁寧に解消し続けました。

しかし、同社が成功した最大の理由は、海外の顧客の課題に真摯に向き合う姿勢にあるでしょう。同社が扱うのは、トヨタの「ハイエース」や「カローラ」といった定番の車種です。それでも中古車の越境EC市場でシェア1位[※2]になれたのは、自社商品を単に「中古車」ではなく「顧客の手元に届けるまでのすべて」と定義し、その価値の提供を目指したことにあると筆者は考えています。

※1　株式会社ビィ・フォアード
https://corporate.beforward.jp/company/

※2
越境EC ランキング国内No.1！ 売上1000億円超、
越境ECで成功をおさめたビジネスモデルを解説（後編）
https://africabusiness.beforward.jp/know-how-e-commerce-business2/

現地の事情から競合との差別化と自社の強みを生み出す

東アフリカにタンザニアという国があります。ビィ・フォアードが知られるようになる以前は、タンザニアで中古車を購入した顧客は、インド洋に面したダルエスサラームという都市にある港まで自ら足を運び、商品を受け取る必要がありました。

隣国のザンビアやジンバブエなど、ダルエスサラーム港から離れたエリアに住む人が中古車を購入する場合もあります。そうした顧客は友人などの車に同乗して港まで移動し、帰りは友人と別れて、購入した中古車を運転して帰らなければなりません。

同社の代表取締役である山川博功氏は、このような現地での顧客の苦労を知り、自社越境ECサイトを強化するとともに、シティデリバリーサービスを立ち上げました。アフリカにおいて、港から顧客の住む町まで中古車を届ける仕組みを整えたわけです。その結果、「ビィ・フォアードで車を購入すると、自分たちの町まで届けてくれる」という評判がアフリカ中に広まり、同社はアフリカでは知らない人はいないブランドにまで成長しました。

この事例から学べることは、海外の顧客にとって、日本の企業である自社から商品を購入すべきである理由を、明確に印象付けることが重要であるということです。特に、中古車のような実利価値商材は、メーカーでない限り独占的に販売するのは難しいため、競合との差別化が不可欠です。自社から購入する理由を付加価値として提供する戦略が求められるでしょう。(徳田)

越境ECにおいては、海外の顧客から選ばれるための商品価値の設計が非常に重要です。なぜ日本の企業から商品を購入するのか、その理由を言語化できる必要があります。

10
売れるコンセプトを言語化せよ

岡山デニムブランドが海外進出に成功した理由

> 越境ECに特化した「売れるコンセプト」のフレームワークを紹介します。インタビューや現地の人の課題を調査し、フレームワークに落とし込むことで、販売する際の方向性が自然に決まるでしょう。

売れるコンセプトを設定する2つのアプローチ

「まずは海外向けにネット広告を配信して、自社商品が売れるかどうかポテンシャルを試してみたい！」という相談をいただくことがあります。しかし、準備が整っていない段階で広告を配信したとしても、ほとんど売れないか、CPA[※1]が高くなりすぎるという結果になることが多いため、推奨していません。

広告を配信する前に、自社商品の海外における売れるコンセプトを作り上げ、本当のポテンシャルを試せる準備を整えることが大切です。そしてそれは、自社商品の「ターゲットは誰なのか？」と、「なぜ海外の顧客が日本からその商品を購入するのか？」を言語化することにほかなりません。

売れるコンセプトを言語化していく方法としては、大きく次の2つが考えられるでしょう。

- すでに売れている商品の場合、既存顧客にN1インタビューを行う

- 新規開拓する商品の場合、顧客の課題や悩みにフォーカスする

※1　CPA
「Cost per Acquisition」の略で、コンバージョン単価のこと。獲得単価とも呼ばれる。コンバージョン1件にかかった広告費用を算出したもの。

加えて、筆者は馬田隆明氏の著書『解像度を上げる』[※2]を参考に、越境ECに特化した売れるコンセプトを簡潔にまとめるためのフレームワークを考案しました（図表10-1）。このフレームワークに沿って文章を完成させることで、その商品のターゲットは誰なのか？なぜ海外の顧客が日本からその商品を購入するのか？を言語化できます。

越境ECに特化した「売れるコンセプトフレームワーク」〔図表10-1〕

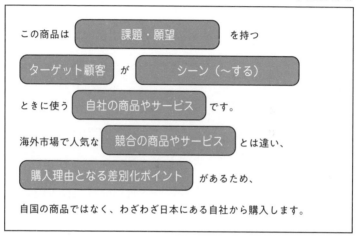

日本発の岡山デニムブランドの事例

売れるコンセプトの作り方について、1つ事例を紹介しましょう。筆者が支援している岡山発のデニムブランド「The Strike Gold」は、北米やヨーロッパのデニム専門ショップでも取り扱われる知る人ぞ知る存在です。

相談を受けた時点でInstagramのフォロワーが1万人を超えていましたが、越境ECの売上は思うように伸びていませんでした。そこで、実際に購入した顧客と、フォローしているが購入には至っていない人にコンタクトをとり、インタビューを実施しました。

その結果、購入者からは「The Strike Goldのデニムは経年変化が楽しめ、自身のライフスタイルを表現するには最適なデニムだ」と高

※2
『解像度を上げる——曖昧な思考を明晰にする「深さ・広さ・構造・時間」の4視点と行動法』（2022年11月、英治出版）馬田隆明 著
https://www.amazon.co.jp/dp/4862763189

く評価する声を聞けました。一方、購入していない人からは、「The Strike Goldが経年変化を楽しむためのデニムであることは知っているが、どの種類の商品が自分の理想の経年変化を起こすのか分からずに、選べずにいる」という意見が出てきました。

この結果をもとに、The Strike Goldの売れるコンセプトを前述のフレームワークに沿ってまとめたのが以下の図です〔図表**10-2**〕。

The Strike Goldの海外向けコンセプト〔図表**10-2**〕

この商品は 経年変化が現れるデニムに憧れ を持つ

アメカジ好きな男性 が 自分のライフスタイルを表現する

ときに使う 岡山デニム です。

海外市場で人気な デニム とは違い、

経年変化を際立って表現する強み があるため、

自国の商品ではなく、わざわざ日本にある自社から購入します。

これで、海外の顧客が商品を購入する理由は説明できました。一方、購入しない理由も明確になっているため、筆者は同社社長の濱本悠路氏に相談し、買わない理由をなくすためのガイドコンテンツを越境ECサイト上で公開しました〔図表**10-3**〕〔図表**10-4**〕。ガイドでは、デニムの種類に応じて現れる経年変化の違いや、経年変化が現れる部位について解説しています。

これらの施策により、売れるコンセプトが海外の顧客に伝わりやすくなり、結果として、売上は相談時の10倍にまで伸びました。

ガイドコンテンツの例①〔図表 **10-3**〕

ガイドコンテンツの例②〔図表 **10-4**〕

　「海外からの問い合わせがあるから売れるはずだ」「日本で人気だから、海外市場でも売れるだろう」といった希望的観測だけで、越境ECに乗り出すのは危険です。海外の顧客へのインタビューや定量調査を通じて、実際に海外で売れるコンセプトを作り、それを確実に顧客に伝えられる状態になってから、広告で集客することを考えるようにしましょう。(徳田)

> **まとめ**
> 広告を配信する前に、顧客インタビューや定量調査を実施して売れるコンセプトを決めましょう。顧客の声を聞くことで、思わぬ発見が見つかるかもしれません。

※参考：著者による YouTube 動画

Shopify 越境ECで世界へ挑戦！ 岡山デニムブランド The Strike Gold
https://www.youtube.com/watch?v=whixLiBXfms

11

外国人向け展示会は商品開発の好機

日本の繊維技術から生まれたヒジャブの事例に学ぶ

> 外国人向けの展示会・イベントが日本で開催される場合は、新商品の反応を調べる絶好のチャンスです。実際に展示会に出展して成功した企業の事例をもとに、展示会に出展する際のポイントを紹介します。

ヒジャブプロジェクトから見る成功事例

　越境ECに取り組むにあたり、既存の自社商品をそのまま販売をするのではなく、自社の技術を生かして海外向けの新商品を開発し、D2Cブランドとして展開するケースもあるでしょう。

　そうしたケースでは、実際に販売を開始する前に、その新商品が本当に海外の人々から価値を感じてもらえるかどうかを見極める必要があります。そこで役立つのが、日本国内で開催される外国人向け展示会やフェア、イベントへの出展です。

　外国人向け展示会をきっかけとした成功事例として、福井県の株式会社カサ川を紹介します。同社は創業120年以上の歴史がある繊維技術に長けた企業で、糸の加工や素材の組み合わせを工夫して、生地に独自の風合いや通気性・速乾性などの特徴を持たせた商品を展開しています。

　この技術を生かし、海外向け商品開発の方向性を検討する会議を行った結果、マレーシアやインドネシアでのニーズを満たすためのヒジャブを開発・販売することになりました。

マレーシアフェアで試着してもらい反応を得る

　ヒジャブとは、イスラム教徒（ムスリム）の女性が頭髪を隠すために用いるスカーフ状の布地のことです。筆者の会社にはマレーシア出身のメンバーが在籍していたため、イスラム教徒の女性がヒジャブに関して抱える悩みや要望を詳細に把握できました。

　イスラム教徒の女性がヒジャブに感じている悩みの1つは、蒸れやすく熱がこもりやすい点です。そこで、カサ川の繊維技術を生かし、速乾性と放熱性に優れたヒジャブの開発に着手。数カ月にわたる取り組みの結果、彼女たちの悩みを解決できる品質を備えた商品が完成しました。

　この商品が実際にどう受け入れられるかを確認するため、日本で開催されたマレーシアフェア（※1）に出展し、来場した日本在住のマレーシア女性の方々に試着してもらいました。彼女たちが商品を着用し、鏡を見た瞬間、「Oh!!」「So cute」といった歓声が自然にこぼれ、笑顔があふれました。その後、この商品は日本製ヒジャブブランド「miejab」（※2）として、越境ECサイトを開設しています〔図表11-1〕。

カサ川のヒジャブを着用した女性〔図表11-1〕

「miejab」は企画からデザイン、販売まですべて自社で行っている

※1　マレーシアフェア
https://malaysiafair.jp/

※2　miejab（ミジャブ）
https://miejab.com/

フェア出展をテストマーケティングにフル活用

　販売側の企業がどれだけ優れたキャッチコピーで発信しても、顧客のリアルな言葉や表情には勝てません。マレーシアフェアの来場者には、事前に許可をいただいたうえで様子を撮影させてもらい、その映像をInstagramや自社サイトにリアルな感想として公開しました。彼女たちの言葉にならない歓声や表情が共感を生み、商品への期待を高めるコンテンツとなっています。

　展示会に参加したカサ川の社長も、彼女たちの笑顔やポジティブなフィードバックを目にして、「この商品で海外市場に挑戦する自信がついた」と話していました。さらに、BtoB取引のオファーやアパレル展開への要望など、当初は想定していなかった新たな機会も得られたそうです。

　同社の事例を踏まえ、外国人向け展示会に出展するときのポイントを4つ紹介しましょう。

① ブランドストーリーを用意して共感を得る

② メルマガ登録で特典提供などのキャンペーンを実施する

③ ポスターやパンフレットで視覚的にアプローチする

④ フェア限定価格で購入意欲を刺激する

　まず①は、商品にまつわるストーリーを伝えるテキストや動画のコンテンツを用意することです。これらをオンラインで事前に公開することで、共感が生まれやすくなります。コンテンツ制作→発信→共感→展示会来場が理想的なステップです。

　続いて②は、フェア当日の販売だけでなく、顧客リストの収集も意識した施策となります。カサ川の事例では、展示会でメルマガ登録者限定の非売品プレゼントキャンペーンを実施し、大いに盛り上がりました。

　③は、ブースを通りかかる人に足を止めてもらうために実施します。また、QRコード付きのパンフレットやショップカードを渡すことで、フェア後のオンライン訪問も促進できます。

最後の④は、来場者にお得感を感じてもらうための施策です。カサ川の事例でも、商品をその場で体験でき、さらに定価より抑えた金額に設定することで、購入意欲を高めることに成功しました。

天候対策や事前集客も欠かせない

　一方で、外国人向け展示会への出展時に注意すべき点もあります。大きく2つあり、1つは屋外イベントでの天候対策です。屋外開催の場合、天候によって来場者数の増減があります。ブースは雨天でも問題なく運営できるよう準備し、可能であれば複数日開催のイベントに出展すると安心です。

　もう1つは、事前集客を実施することです。自社のInstagramのフォロワーやメーリングリストを活用して告知するのはもちろん、必要に応じてインフルエンサーへの紹介依頼や広告配信も行い、事前予約を獲得しましょう。フェアは主に体験の場と考え、来場者の集客は自社でしっかり取り組む姿勢が大切です。（徳田）

> 展示会でファンになってもらえたら、商品を売るときも買ってくれそうだね！

まとめ

展示会への出展は、顧客の声を聞く絶好のタイミングです。ターゲット国が絞られている場合、その国のフェアに出展することで、リアルな反応が分かります。

※参考：著者によるYouTube動画
福井県の繊維技術を世界へ！ヒジャブ越境ECに挑戦
https://www.youtube.com/watch?v=tUS51wZTG_Q

12

海外向け広告の
事前準備は慎重に

各国でメジャーな媒体や広告タイプの調査が必須

> 海外でネット広告を配信する際には、日本とは事情が
> 異なる場合があるため、入念に準備を行ってくださ
> い。広告タイプはターゲット国に応じて最適な広告を
> 選び、KPIをシミュレーションする必要があります。

広告配信のポートフォリオを作成する

海外に向けて配信するネット広告は、国内とは異なる文化や競合
状況があり、慎重な事前準備と戦略立案が重要です。本節では、広
告配信前に考慮すべきポイントや成功につながる戦略について見て
いきます。適切な媒体の選定からKPI設定まで、実践的な手順を一歩
ずつ紹介しましょう。

海外向けに広告を配信する際、最初に考えるべきは「どの媒体で、
どのタイプの広告を展開するか」です。また、検索キーワードから商
品が「実利価値」か「共感価値」を持つかを判断し、次ページに示す
ようなマーケティングファネルに基づいた広告戦略を構築します〔図表
12-1〕。

これは広告を配信することだけではなく、効果的な配信を実現す
る基盤を作るための重要なステップです。各国のユーザーがよく利
用する媒体や最適な広告タイプを調査し、商品の価値のマトリクス
における自社のポジションを把握したうえで、効果的な広告ポート
フォリオを作成することが求められます。

マーケティングファネルと有効な広告施策〔図表 12-1〕

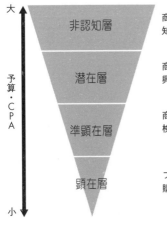

その国で使われている媒体を調査する

　海外で広告を配信する際、対象の国や地域で最も利用されている媒体を把握することが重要です。日本国内ではGoogle広告やYahoo!広告が一般的ですが、海外では国によって主流となる媒体が異なることがあります。

　StatCounter^(※1)などのWeb解析ツールを活用すれば、各国の検索エンジンやデバイス、SNSの利用トレンドを把握できます。例えば、検索エンジンに表示する広告（検索広告）に関しては、世界の約90％のユーザーがGoogleを利用しているため、Google広告から始めるのが最適解となります。一方、SNSではMetaが世界全体で約75％のシェアを持っているため（Facebook：約60％、Instagram：約15％）、まずはMeta広告を検討するケースが多いといえます。

　調査したデータを踏まえ、ターゲットとする国や地域で主流の媒体を把握し、最適な媒体を選定していきましょう。

※1　StatCounter
https://gs.statcounter.com/

競合調査にはVPNを活用

現地市場で成功するには、その市場の広告の配信状況を理解することが欠かせません。VPN[※2] を使用して現地の検索エンジンにアクセスし、競合や広告タイプを調査してください。まず、VPNを活用してターゲット国にIPアドレスを変更します。次に、配信予定の主要なキーワードを検索します。

その際、「広告タイプ」「競合企業の把握」「競合の広告文」という3つの項目を調査してください。広告タイプでは、検索広告やショッピング広告、ディスプレイ広告など、どの形式が主流かを確認します。次に、検索結果に表示される競合他社を特定し、競合企業を把握します。そのとき、広告文で競合他社がどのような訴求ポイントを押し出しているかもチェックしてください。

競合広告の分析により、現地の消費者が興味を持っているものが見えてきます。例えば、価格重視の訴求が多い場合、自社では「品質」「限定特典」など、異なる視点を強調する戦略も考えられます。

その国の検索ボリュームを調査する

検索ボリュームの調査は、ターゲット国における商品の需要を把握するための重要なステップです。この調査により、商品が消費者にとってどれだけ顕在化したニーズを持つのか、あるいは潜在的なニーズが多いのかを見極めることができ、効果的な広告ポートフォリオの構築に役立ちます。

検索ボリュームが多い場合、ユーザーはその商品に高い実利価値を感じている可能性が高いため、検索広告やショッピング広告など、購入を直接促す広告タイプが適しています。一方、検索ボリュームが少なくても、その商品に共感価値がある場合、ディスプレイ広告や動画広告、SNS広告といった、ユーザーに共感を引き起こす媒体や広告タイプが効果的です。

検索ボリュームをもとに、商品が実利価値か共感価値のいずれを持つのかをP.35の図をもとに判断し、マーケティングファネルに基づいた広告戦略を構築します。

※2　VPN
「Virtual Private Network」の略で、インターネット上に仮想的な専用ネットワークを構築する技術。VPNサービスを利用することで、海外にいる状態の環境で検索結果を確認できる。

広告の配信成果を評価するためのKPI設定

広告配信戦略を立てる際には、KPIの設定が不可欠です。KPIは広告キャンペーンの成功度を測る基準であり、広告のパフォーマンスを客観的に評価するための指標となります。特に海外市場では、市場特性や消費者行動が異なるため、これらの要素を考慮したうえで慎重にKPIを設定することが重要です。

KPIを設定する際には、まずシミュレーションを作成します。広告の目的が売上であれば、ROAS[※3]を最終的な指標としてください。

シミュレーションでは、広告配信によって期待される収益や、広告費用に対する効果を予測します。具体的には、クリック数、購入数、売上、そして最終的なROASの試算を行います。筆者の会社では、シミュレーションに過去のデータや業界平均を活用しており、以下の表はその一例となります〔図表**12-2**〕。

シミュレーションを行うことで、現実的な広告予算の設定や成果目標の明確化ができ、無駄のない効率的な広告運用が可能になります。特に、海外市場では予想外のコストが発生しやすいため、事前の計画立案がリスクを最小限に抑える鍵となります。

海外リスティング広告を成功させるには、綿密な調査と計画が欠かせません。広告配信前にしっかりと戦略を立てることで、よりよい成果を得られます。(徳田)

越境ECの平均値の例〔図表**12-2**〕

項目	伝統工芸品	中古ブランド品
購入単価	25,000円	400,000円
広告媒体	Google、Meta	Google、Meta
配信国	アメリカ、オーストラリア、シンガポール、イギリス	アメリカ、オーストラリア、シンガポール、イギリス
CPO（注文獲得単価）〈※4〉	5,000円	20,000円
ROAS	500%	2000%

> **まとめ**
>
> 広告配信を行うには媒体、広告タイプ、KPIをもとにシミュレーションしましょう。また、商品が実利価値か共感価値を持つかによって、広告戦略が異なってきます。

※3 ROAS
「Return On Advertising Spend」の略で、広告費用対効果のこと。「ロアス」と読む。広告経由の売上÷広告費×100で計算し、「広告AのROASは250%」のようにパーセントで表す。

※4 CPO
「Cost Per Order」の略。広告費に対してどのくらいの成果（受注）があったかを把握する指標で、主に新規顧客から1件の受注を得るためにかかった費用のこと。日本語で「注文獲得単価」や「顧客獲得費用」という。

1

前提と方針

13

成約を阻害する 7つの大罪

海外顧客を不安にさせる要因をサイト内から排除する

海外のよく知らないサイトに個人情報やクレジットカード情報を入力し、商品を購入するのは心理的なハードルが高いものです。顧客を不安にさせる「7つの大罪」のうち、当てはまるものは改善してください。

購入をためらわせる不安を排除

みなさんは海外のECサイトで買い物をした経験はありますか？ そのとき「ちゃんと商品が届くかな？」「偽物が送られてきたらどうしよう……」といった不安を感じたのではないでしょうか。

日本のECサイトで買い物をする外国人も、同じことを感じています。Amazonのように世界的に有名なサイトであれば問題ありませんが、名前も知らない日本の企業が運営するサイトから商品を購入するのは不安なはずです。外国人向けのサイトを制作するにあたっては、このような不安を払拭することが大前提となります。

海外顧客を不安にさせる代表的な要因としては、以下の7つが挙げられます。この「7つの大罪」を改めることから始めましょう。

①外国語が不自然

②信頼性が感じられない

③実在する企業か疑わしい

④決済手段が少ない

⑤レビューがない

⑥返品方針が不明

⑦個人情報保護方針が不明

サイト内の言語はネイティブチェックで質を向上

まず①ですが、みなさんも海外のサイトや商品の説明書などで、不自然な日本語を見かけたことがあると思います。そのような違和感や胡散臭さは徹底的に排除すべきです。

最良かつ唯一の解決策は、サイト内の全ページに対してネイティブによるチェックと校正を実施することです。以下の図は翻訳手段ごとの外国語（英語）のレベルを6段階で示したものですが、この中のレベル4以上を目指すようにしてください〔図表13-1〕。最近ではDeepL（※1）やChatGPT（※2）による翻訳の精度も上がっていますが、筆者の判断ではレベル2〜3に留まります。

特に重視したいのが「About Us」、日本でいう「このサイトについて」や「会社概要」に当たるページです。About Usページが自然な外国語で書かれていることは、自社や商品の信頼性を高めるうえで効果が高いため、優先的に取り組んでください。

翻訳手段による英語レベル〔図表13-1〕

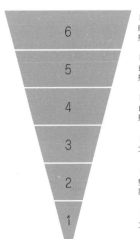

レベル6　コピーライティング
感情に響く独自の表現でターゲット層に強く訴求する
推奨ページ：トップ、About Us

レベル5　ローカリゼーション
自然な言葉遣いで文化的な差異を感じさせない文章
推奨ページ：商品詳細、FAQ、ブログ

レベル4　ネイティブによる校正
自然な表現だが、直訳的な翻訳
推奨ページ：利用規約、プライバシーポリシー

レベル3　生成AIによる翻訳
文法的なミスはないが、形式的な表現

レベル2　機械学習による機械翻訳
堅苦しく、ぎこちない印象があるため、
訴求メッセージには適さない

レベル1　レベルの低い非ネイティブ翻訳
文法や表現などに誤りがあり、不信感を与える

※1　DeepL
ドイツのDeepL SE社が開発・提供している機械翻訳サービス。
https://www.deepl.com/

※2　ChatGPT
アメリカのOpenAI社が開発・提供している対話型AI。
https://chatgpt.com/

広告費に投資する一方で、翻訳や校正に予算を割かない企業は少なくありません。しかし、質の低い翻訳は成約率を下げるだけでなく、広告の費用対効果も悪化させる原因になります。とりわけ共感価値の商品（P.36を参照）では、自然な外国語で情緒的な価値を伝えていくことが求められるため、翻訳や校正に十分な予算と時間をかけるべきです。この点については次節でも解説します。

所属団体の表示は信頼感の第一歩

　「②信頼性が感じられない」は、企業として信頼できる情報がサイト内にない状態です。日本のECサイトでも、中古ブランド品や高額な商品を購入するときには「偽物や詐欺サイトではないか？」と不安を感じることがあると思います。その払拭に努めましょう。

　解決策としては、知名度のあるメディアへの露出や、権威ある団体への所属をサイト内でアピールする方法が考えられます。例えば、中古ブランド品を扱うアメリカの大手マーケットプレイス「The RealReal」(※3)では、所属団体のロゴをフッターに掲載することで信頼性を高めています〔図表13-2〕。

実店舗の情報は成約率の向上につながる

　「③実在する企業か疑わしい」は、サイトから受ける印象として、運営元の企業が実際に存在しているのかが怪しい状態です。海外にはフェイクサイトが数多く存在しますが、外国人から見て、自社のECサイトがそう感じられる状態は避けなければなりません。

所属団体を掲載している例〔図表**13-2**〕

A Sustainable Luxury Company
Honoring heritage brands and extending the lifecycle of luxury items.

所属団体を分かりやすい場所に掲載することで、顧客に安心感を与えられる

※3　The RealReal
https://www.therealreal.com/

※4　Global-e
https://www.global-e.com/

実店舗がある場合は、その住所や営業時間、店内の様子が分かる写真などをAbout Usページに掲載するのが、有効な解決策となります。筆者がサポートした越境ECサイトでは、実店舗の情報を追加したことで成約率が2倍に向上した事例がありました。店長の名前や顔写真を掲載したり、サイト上で来店予約を受け付けたりするのも、外国人観光客の訪問を促進する効果が期待できます。

　また、日本の伝統工芸品を製造・販売する企業であれば、職人がものづくりをしている様子を掲載することで、信頼性を大きく向上させることができるでしょう。筆者の聞くところによると、日本の伝統工芸品を騙ったフェイクサイトは多く、粗悪品を購入してしまった外国人もいるようです。そうした失敗体験をした人の不安を払拭するためにも、自社にしか発信できない独自の情報を掲載し、本物であることを証明する必要があります。

見慣れた決済手段は購入のハードルを下げる

　「④決済手段が少ない」は、外国人にとって馴染みのある方法で支払うことができない状態を指します。もし、私たちが初めて訪れた海外のECサイトで「PayPay（ペイペイ）が使えます」と明記されていたら、安心しますよね。そのような状態を目指しましょう。

　例えば「Global-e」（※4）のように、複数の決済手段を選択できるアプリを導入すれば、外国人にとって普段利用している決済手段での支払いが可能になります。海外顧客の不安が解消され、成約率の向上が期待できるでしょう。

　また、世界的に利用されている決済手段である「PayPal」（※5）には「買い手保護制度」があり、高額の買い物をするときの心理的なハードルを下げてくれます。

他のユーザーからのレビューは積極的に掲載

　「⑤レビューがない」は、他のユーザーによるレビューがサイト内に掲載されていない状態です。日本・海外に関係なく、顧客は常に「賢い消費者でありたい」「失敗したくない」と考えています。実際に

※5　PayPal
https://www.paypal.com/

※参考：著者による記事

【越境EC】決済・税務・物流のソリューション「Global-e」とは？
https://www.s-bokan.com/interview/post-28039/

多くのユーザーが購入して評価を得ていることをアピールし、安心して購入できる商品であることを証明しましょう。

そのためには、SNSなどから自社商品についてのUGC[※6]を収集し、自社越境ECサイトに掲載します。例えば、購入者がInstagramでタグ付けしたくなるような仕掛けを用意し、そのタグが付いた投稿の一覧を掲載する方法があります。また、Shopifyでは簡単にレビュー機能を追加できるアプリが提供されています。

なお、レビューはポジティブな内容だけでなく、ネガティブな内容も掲載すべきです。両方のレビューを公開することで、顧客に対して信頼できるサイトという印象を強められます。

安心して購入できるように返品ポリシーを準備

「⑥返品方針が不明」は、商品の返品に関するポリシーがサイト内にない、または分かりにくい状態を指します。とはいえ、越境ECに挑戦するうえで、海外からの返品を認めるべきかどうかは議論が分かれるポイントでしょう。

海外の競合サイトでは返品可としているのに対し、自社サイトでは返品不可としている場合、成約率に大きく影響を及ぼします。しかし、オペレーションコストや返品に伴う送料の負担を考慮すると、返品不可の方針を取らざるを得ない日本企業がほとんどです。

まず重要なのは、自社の返品方針を明示することです。「返品不可」とするか、「サイズ違いに限り一度まで交換可能」とするかによって、顧客の安心感は大きく変わります。

返品可とする場合には、それをサポートする企業を利用するのも有効です。例えば「Return Helper」[※7]は、アメリカ、イギリス、オーストラリア、ドイツ、フランスなどの15カ国に倉庫を持ち、返品対応をサポートしてくれます。顧客から倉庫に返品されると、事前に定めた基準に基づいて検品を行い、再販可能なものについては倉庫からの再発送も可能です。

※6 UGC
「User Generated Content」の略。企業ではなく、一般のユーザーによって作られたコンテンツのことを指す。

※7 Return Helper
https://www.returnhelper.co.jp/

プライバシーポリシーを明示したうえで情報管理を徹底

「⑦個人情報保護方針が不明」は、プライバシーポリシーが掲載されていない、または分かりにくい状態を指します。越境ECサイトの運営にあたっては、世界各国の個人情報保護規制に準拠することが非常に重要です。プライバシーポリシーやCookie（※8）同意バナー、ポップアップ画面などを通して、EUのGDPRやアメリカのCCPAに対応した方針を記載します。

また、ユーザーとしてはプライバシーポリシーにいったん同意したものの、後から撤回したい場合もあります。以下に挙げるような対応を行い、個人情報の利用をスムーズに停止できるようにすると、海外顧客からの信頼を獲得しやすくなるでしょう〔図表 **13-3**〕。（徳田）

個人情報に関する項目と対策例〔図表 **13-3**〕

項目	対策例
プライバシーポリシー	・データ収集と個人情報の利用目的の明記 ・第三者への情報提供の有無の明記 ・データの保持期間、削除方法の明記 ・定期的に設定状況をユーザーに通知し、変更の機会を提供
Cookie同意バナー	・データ販売のオプトアウトページを設置 ・オプトアウト要求には迅速に対応し、少なくとも12カ月は再同意を求めない ・プライバシーポリシーにデータ販売に関する情報を記載
ポップアップでの情報取得	・「メルマガ購読」「メール配信に同意」などのチェックボックスの設置 ・チェックボックスはデフォルトでチェックが入っていない状態にする ・メール配信の目的（マーケティングなど）や頻度を明示 ・ダブルオプトイン方式を採用し、登録後に確認メールを送信して再同意を得る
同意撤回の仕組み	・メールに「配信停止」「登録解除」のリンクを設置 ・Webサイト上に「メール配信設定」ページを用意 ・配信停止手続きを簡素化し、複雑な操作を要求しない ・配信停止後はデータベースから速やかに削除し、以降の配信を確実に停止

> **まとめ**
> 海外顧客が不安に感じるポイントは、日本から海外のECサイトで購入するときに感じる不安と同じです。対応できるところから始めましょう。

※8 Cookie
Webサイトにアクセスしたときに記録される小さなファイルのこと。「訪問回数」や「日時」などに関する情報が格納されている。

※参考：著者によるYouTube動画

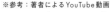
【越境ECの新常識】海外で返品対応ができる！？
Return Helperで海外返品対応がシンプルに！
https://www.youtube.com/watch?v=ILKEibfsUOs

14

ネイティブチェックで
第一印象を磨け

現地の好みにあわせて言語とUI/UXの品質を高める

> コンテンツ制作で意識したい点は、「ネイティブチェックによる自然な言語表現」と「現地ユーザーの好みにあわせたUI/UXであること」の2点です。日本基準ではなく、現地基準で考えましょう。

外国人に受け入れられないコンテンツで売上は増えない

前節の冒頭で、外国語が不自然であることを「大罪」の1つとして挙げました。越境ECで海外市場への展開を目指す企業にとって、「第一印象がすべて」といっても過言ではありません。そして、自社越境ECサイトやSNS、メールマガジン、広告などのコンテンツは、まさにその第一印象を決める要素になります。

イギリスのWebコンサルティング企業であるWebsite Planetの調査[※1]によると、自然な英語で制作されたサイトや広告と、誤記を含む不自然な英語のコンテンツでA/Bテストを実施した結果、次のことが明らかになりました。

- サイト滞在時間が8%減少、直帰率が85%増加
- クリック数が最大70%減少、クリック単価が上昇

このような状態を避けるため、最低限、以降で解説する2つのポイントを意識しながらコンテンツ制作を進めていきます。

※1 Website Planetの調査
https://www.websiteplanet.com/blog/grammar-report/

日本人には気付けない言語表現の不自然さに注意

　ポイントの1つ目は、「翻訳ツールや生成AIに頼りすぎない」ことです。これも前節ですでに述べましたが、この点で失敗する日本企業がとても多いため、あらためて注意喚起をします。

　それらに頼りすぎると、外国人から見て、現地の文化やニュアンスが十分に反映されないことがあります。また、ツールやAIに特有の言い回しがあり、私たちには自然に見えても、外国人にとっては微妙に不自然な表現が含まれることがあります。

　さらに、日本の敬語や丁寧語を直訳した外国語にも注意が必要です。過度に形式的な表現になるため、カジュアルで親しみやすい表現を好む英語圏の人々からは不自然に感じられがちです。

　ある日本企業が制作した英語のECサイトを筆者がチェックしたところ、多くの文法ミスがあっただけでなく、過剰に大文字表記が使われていたことがありました。英語の大文字表記はネイティブからすると「大声で叫んでいる」ように見えるため、多用されていると不快に感じる人もいます。大文字・小文字のない日本語を母国語とする私たちには分からない感覚です。

　メールマガジンの場合、不自然な外国語はスパムと判断されるリスクもあります。あるユーザーがGmailで自社のメールを迷惑メールに振り分け、ほかのユーザーもそれに続くことが一定数発生すると、自社のメールすべてがスパムとして認識され、届きにくくなってしまう可能性もあるでしょう。

　ネイティブチェックを実施するのは当然として、よりよい第一印象を与えられるような言語表現を心掛けてください。そのうえで、トーンや言葉遣い、価値観を統一し、商品にあった「ブランドボイス」を定義することで、サイトやSNS、メールマガジン、広告などで一貫したイメージを伝えるようにしましょう。

サイトなどのデザインもネイティブチェックを受ける

　ポイントの2つ目は、「日本基準のUI/UX[※2]をそのまま適用しない」ことです。日本では成功しているデザインでも、海外市場では使

※2　UI/UX
UI（ユーザーインターフェース）はマウス、キーボードなどのユーザーとサービスなどをつなぐもの。UX（ユーザーエクスペリエンス）とは、ユーザーが商品やサービスを通じて得られる体験のこと。

いにくく感じられることがあります。

　以下の図は「Yahoo! Japan」と、アメリカの「Yahoo!」のトップページを比較したものです〔図表14-1〕。同じYahoo!ブランドでも運営会社が違うため、その影響もあるとは思いますが、一見して日本は「情報が詰め込まれていて賑やか」、アメリカは「シンプルでクリーン」と、かなり異なる印象を受けると思います。

　海外展開時のコンテンツは、言語だけでなくデザインもターゲットとする国のユーザーにあわせることが重要です。この点においても、ネイティブチェックが最良かつ唯一の解決策となるので、手間と費用を惜しまずに実施するようにしてください。〈徳田〉

日米のYahoo!のトップページ〔図表14-1〕

> **まとめ**
> 自然な言語表現と現地基準のUI/UXを心掛けましょう。翻訳ツールや生成AIの過度な利用や、日本基準のままのサイトは敬遠される可能性があります。

15
翻訳ガイドラインで信頼を掴む

複数の翻訳者による差異をなくしてトンマナを統一する

1

前提と方針

> 本章を通して、海外顧客が安心して商品を購入できるように、自然な言語表現をすることの重要性を述べてきました。翻訳を行うときには、ガイドラインを設定してブランドへの信頼感につなげてください。

統一された文章でブランドイメージを強化

越境ECサイトの外国語は、ネイティブスピーカーによるチェックが不可欠です。しかし、翻訳を複数のメンバーで行うと、翻訳者によって文章のトンマナ[※1]が変わってしまう懸念があります。

また、翻訳者にターゲットとなる顧客像が正しく伝わっていない場合、読み手にとって魅力的ではない文章やコンテンツになってしまう可能性があります。こうした問題を解決するための施策が「翻訳ガイドライン」の策定です。

翻訳ガイドラインで文章のトンマナが統一されることで、顧客は安心してコンテンツを楽しめます。特に、越境ECサイトとSNS、広告など、異なるチャネルで同じトンマナや世界観が保たれていると、商品やブランド全体の信頼度が向上します。

また、翻訳ガイドラインの策定は、修正やフィードバックの回数が減り、作業効率が向上するため、翻訳者にとってもメリットがあります。結果、新商品のローンチ時やキャンペーンの実施の際に素早くコンテンツを展開でき、競争力の強化にも寄与するでしょう。

※1　トンマナ
「トーン＆マナー」の略。デザインやコンセプト、レイアウトなどに一貫性を持たせるためのルールを指す。

71

トンマナだけでなく忌避表現も明確に

　顧客の文化的背景や日常的な言葉遣いを反映した翻訳は、商品の特徴や価値を魅力的かつ明確に伝えられるだけでなく、親近感も与えられます。また、コアなファンが使うコミュニティ独自の表現を取り入れることで、顧客はブランドが自分たちの文化や価値観を尊重していると感じ、SNSで発信するきっかけになります。

　さらに、「この商品は自分に価値を提供してくれる」と感じ、購入を決断しやすくなります。ひいてはコンバージョン率が向上し、売上の増加にもつながってくる施策です。

　翻訳ガイドラインでは、使用すべき表現や忌避表現を明示してください。これにより、誤訳や文化的に不適切な表現を防ぐことができ、ブランドイメージが損なわれるリスクを最小限に抑えられます。

　以降でサイトの各ページで用いるべき表現と、英語での例文および日本語訳を紹介するので、参考にしてください。（徳田）

トップページ

トップページの目的は、ブランドの第一印象を形成し、訪問者に興味を持たせることです。簡潔かつインパクトのあるトーンで、商品やブランドの特徴を強調してください。

「Experience the art of Japanese craftsmanship.」

（日本の職人技を体感）

商品詳細ページ

実用的で信頼感のあるトーンを採用し、商品の特徴や具体的なメリットを説明することで、購入意欲を高めるのが効果的です。

「Crafted with precision, ensuring durability and elegance.」

（耐久性と優雅さを兼ね備えた精密なデザイン）

About Usページ

ブランドの背景や理念を共有し、ユーザーに共感してもらえるように、感情に訴えるストーリー性のあるトーンで伝えましょう。

「Our mission is to bring timeless Japanese design to the world.」

(日本の永続的なデザインを世界に届けることが私たちの使命です)

FAQページ

ユーザーの疑問を迅速かつ正確に解消し、購入を後押しすることが目的のページなので、簡潔で直接的なトーンが好ましいです。

「What is your return policy?」

(返品ポリシーは？)

「Items can be returned within 30 days of delivery with the receipt.」

(レシートがあれば、商品到着後30日以内の返品が可能です)

ガイドラインがあると、複数人で翻訳するときも安心できそうだね

> **まとめ**
> 翻訳ガイドラインは、単なる業務効率化ツールではなく、戦略的なマーケティング資産です。各ページの目的に応じたトンマナを設定してください。

16

「海外だから値上げ」は通用しない

日本となるべく同じ価格で提供する姿勢が大事

海外で商品を販売する場合、さまざまな事情により日本で販売する価格よりも高くなりがちです。しかし、「海外顧客は日本の価格を知らないだろう」と思っていると、信頼感を失ってしまうかもしれません。

海外で手に入りにくくても大幅な値上げはNG

マーケティング戦略におけるフレームワークの1つである「4P」[※1]において、よい製品（Product）を提供することは、海外で成功するために最も重要な要素といえます。そして、次に重要なのが価格（Price）だと筆者は考えています。価格設定は企業の将来を左右する要素であり、慎重に判断しなければなりません。

海外顧客は購入を検討する商品について、私たちが想像する以上に価格を細かくチェックしています。中には輸入代行業者を利用して購入する人もいるため、海外で手に入りにくい商品であっても、大幅な値上げをして販売し続けることは難しいでしょう。

一方で、高価でも本物を求める層が存在します。特に、日本の伝統工芸品は海外で偽物が流通している現状があるため、そうした商品を扱う企業では、本物を適正な価格で提供する越境ECサイトの開設をぜひ検討してほしいと思います。これは職人のみなさんの待遇改善や、後継者の育成を行うためにも重要なことで、場合によっては価格を上げる判断も必要でしょう。

※1　4P
企業が商品・サービスを販売する際に意識すべきマーケティング要素の1つ。「Product」「Price」「Place」「Promotion」の頭文字を取ったもの。

適切な価格が信頼につながる

ここからは、価格に関連する事例を3つ紹介しましょう。

茶葉販売店のA社は、他では入手が難しい有名銘柄の抹茶を仕入れられる強みを持っていました。同じ抹茶を仕入れている他店が、日本の2～3倍の価格で海外向けに販売していたところ、A社は「日本の抹茶の魅力を世界中の人に伝えたい」という理念から、送料を除いて日本と同じ価格で海外販売を続けていました。

その結果、「A社ならあの抹茶が正規価格で買える」「専門的な質問をしても店主が丁寧に答えてくれる本物の店だ」という評判が広まり、世界中の抹茶ファンからの信頼を得ました。

B社は、海外向けの工数を考慮して、日本よりも割高な価格設定をしていました。越境ECサイトでの売上が伸びないことに悩んでいると、自社の日本向けECサイトから輸入代行サービスを利用して購入している外国人がいることに気付きます。そこで、越境ECサイトの価格を日本と同じに変更すると、売上が大幅に改善しました。

C社は、日本の伝統工芸品を製造・販売し、海外では主に卸売を通じてビジネスを展開していました。しかし、海外顧客からの「この商品は本物ですか？」という問い合わせが絶えません。調べてみると、偽物が海外で流通していることが分かりました。

誤ったかたちで伝統工芸品が広まる可能性を懸念し、自社で越境ECサイトを展開することを決定しますが、職人が1日に作れる数には限りがあるため、収益性の確保を重視した価格設定にしました。結果、本物を求める海外の顧客が集まり、日本よりも高価格であるにも関わらず、商品を購入してくれるようになりました。(徳田)

まとめ

値決めやターゲットの設定によって、企業の収益は大きく変わります。どの価格帯が海外顧客に選ばれ続けるか考えて設定していきましょう。

17

配送を制する者が越境ECを制する

配送料や関税が原因のカート落ち、受け取り拒否を防ぐ

> 越境ECでは高額な配送料や関税により、カートに商品を入れたものの買わずに離脱するユーザーが多くいます。関税の自動徴収や自動計算などを駆使し、顧客に納得して購入してもらえる仕組みを作りましょう。

越境ECサイトのカート落ち率は9割を超えることも

　配送料や関税は、越境ECにおいて売上に大きく影響するポイントです。海外配送は商品のサイズによっては、配送料が商品価格を上回ることがあります。また、関税は基本的に買い手が支払うものですが、海外顧客が支払うことを知らなかった場合、受け取り拒否やクレームにつながる可能性もあります。

　一般的なECサイトのカート落ち[※1]率は、約7割といわれています。一方、越境ECサイトのカート落ち率は9割を超えることもあり、その大きな理由の1つが高額な配送料です。

　もし中古ブランド品といった高単価の商品で、配送料が原因でカート落ちが発生していると思われる場合は、価格に配送料を含めて「送料無料」としてテスト販売をしてみてください。高単価の商品であれば、配送料を含んでも利益が確保できる場合が多いです。

　しかし、海外ユーザーから見て、そのECサイトを信頼できなかったために「とりあえずカートに入れたが購入しなかった」というケースもあります。その場合は、信頼構築のための施策が必要です。

※1　カート落ち
ECサイトのユーザーが、商品をカート（かご）に入れたまま購入せずにサイトを離脱してしまうこと。「かご落ち」ともいう。

配送料の上乗せは見抜かれてしまう

まず配送料について、自社越境ECサイトだけでなくAmazonなど他の販売チャネルでも商品を販売しており、かつ越境ECサイトで配送料を含んだ価格にして「送料無料」と表示している場合は注意が必要です。ユーザーは他の販売チャネルでの価格と見比べて、送料がどれくらい上乗せされているかを見抜いてしまいます。

売れ筋の商品であれば、P.66でも紹介したReturn Helperなどのサービスを利用し、海外の物流拠点に在庫を持つことも1つの解決策です。現地の物流倉庫から直接発送できるため、送料を抑えることが可能なほか、返品の受け取りにも対応しています。

関税の事前徴収で受け取り拒否を防ぐ

次に関税についてですが、越境ECにおいて、購入者が予想していなかった関税を請求され、受け取りを拒否してしまうケースがあります。この問題に適切に対処しないと、Trustpilot(※2)などのレビューサイトに悪評が投稿され、ブランドの信頼性が低下するリスクがあります[図表17-1]。この問題を防ぐために、関税の事前徴収という手段があります。

Trustpilotで確認できるレビュー〔図表 **17-1**〕

カーディーラーや宝石店など、さまざまな企業のレビューを確認できる

※2 Trustpilot
https://jp.trustpilot.com/

例えば、DHL社が提供するDDP(※3)サービスを利用すると、海外の購入者から事前に関税を徴収できます。このサービスでは、売り手側の手数料は一度の使用につき数千円が発生するため、目安として単価が1万円以上の商品の販売で利用することをおすすめします。

また、イスラエル発の決済システムであるGlobal-eを導入すると、販売先の国と商品に基づいて関税を自動計算し、価格に含めて表示することが可能です。これにより、関税を事前に受け取った状態で販売ができ、受け取り拒否や関税に関するクレームの発生を防止できます。(徳田)

> 関税や配送料みたいな、商品以外の部分で選んでもらえなくなるのはもったいないね……

まとめ

配送料や関税に注意しましょう。DHLのDDPやGlobal-eといった関税対策サービスを導入することで、越境ECの円滑な運営と顧客満足度の向上が期待できます。

※3 DDP
「Delivered Duty Paid」の略。売り手が輸出の通関手続きのほか、輸入国での関税などの費用を負担したうえで、買い手に商品を届ける仕組みのこと。

※参考:著者によるYouTube動画

越境ECの大きな課題:決済、税務、物流の解決方法 Global-eとは?
https://www.youtube.com/watch?v=kGMta4Ss2ZY

Chapter 2

インバウンド

帰国後にも残る魅力を店舗で伝えよ

18

まず目を向けるべきは 身近な外国人

日本にいる顧客への施策が海外在住の顧客にも効く

> 海外顧客に商品を売る際、まずは日本に住んでいる外国人、もしくはインバウンド客をターゲットにしてください。そこから、クチコミなどを通して海外在住の顧客に広げることで、効率的に認知拡大ができます。

4,000万人を超える外国人がすでに日本にいる

越境ECに挑戦する企業の多くは、「海外在住の新規顧客」にアプローチしようと考えがちです。しかし、外国人向けにビジネスをするうえで、まずは「日本在住の新規顧客」や「インバウンド客」に自社の商品を体験してもらうことが、成功への近道となります。

出入国在留管理庁および日本政府観光局の発表によると、2024年における在留外国人数は約360万人[※1]、訪日観光客は3,700万人[※2]です。つまり、すでに4,000万人以上もの外国人が日本国内にいるということです。外国人と一括りに考えず、顧客を次の5つに分類し、アプローチする順番と効果的な施策を考えましょう[図表18-1]。

①日本在住の既存顧客 (店舗での購入経験がある人や常連客)

②日本在住の新規顧客

③インバウンド客 (観光や仕事で日本を訪れた人)

④海外在住の既存顧客 (店舗やECサイトでの購入経験がある人)

⑤海外在住の新規顧客

※1　令和6年6月末現在における在留外国人数について
https://www.moj.go.jp/isa/publications/press/13_00047.html

※2　訪日外客数 (2024年12月および年間推計値)
https://www.jnto.go.jp/statistics/data/_files/20250115_1615-1.pdf

外国人の顧客の5つの分類〔図表 **18-1**〕

在留外国人をハブとして海外と接点を持つ

　みなさんが自社で店舗を展開している場合、まずは①日本在住の既存顧客と、②日本在住の新規顧客に目を向けてください。特に、①に常連客といえる人がいるなら、大きなチャンスです。

　事例を1つ紹介しましょう。日本の伝統工芸を生かしたアパレルブランドを展開しているある企業には、日本在住のオーストラリア人の常連客がいました。当初、自社のECサイトには日本人スタッフがモデルとなった写真を中心に掲載していたのですが、その常連客にモデル兼アンバサダーを依頼することにしました。

　すると、日本人のモデルよりも自分が着用するイメージがしやすくなったのか、海外在住の人々からの売上が大幅に伸びたのです。もし日本に住む外国人の常連客がいるなら、モデルやアンバサダー、インタビューなどの依頼を検討してみてください。

　まだ外国人の常連客がいない場合は、②に商品を知ってもらい、購入につなげる施策に注力します。例えば、P.55で紹介したマレーシアフェアのような海外向けのイベントに出展することで、直接的なタッチポイントを作ることができます。

店舗やサイトに来る前に認知してもらえる施策が重要

①②の次にターゲットとすべきなのが、③インバウンド客です。彼らが日本に来る前に自社を認知してもらい、訪問先の候補として検討してもらえるようにしましょう。

具体的には、SNSで訪日観光客向けの情報発信を行ったり、自社サイトに英語のページを用意したり、来店予約フォームを整備したりすることが効果的です。また、外国人向けのメディアを活用したプロモーションも来店促進につながります。

④海外在住の既存顧客は、主に日本を訪れたときに店舗やECサイトでの購入経験がある人々を指します。オンラインでの購入につながる可能性が高いため、帰国後も商品を購入できるよう、越境ECサイトを整備します。また、店舗ではなく、クラウドファンディングで支援してくれた顧客にリピート購入してもらう場としても、自社越境ECサイトは重要になってきます。

最後に⑤海外在住の新規顧客ですが、見知らぬ企業やブランドの商品を高い送料を払って海外から購入することは、精神的なハードルが高いものです。そのため、前述の事例のように①の顧客を通じて情報発信したり、クチコミやUGCを活用して認知を広げたりする施策から始めるのがよいでしょう。

Googleが提唱した「ZMOT」[※3] でも指摘されている通り、店舗や越境ECサイトを訪問する前の、SNSや外部メディアで得られる情報が購入の意思決定に大きな影響を与えるということを意識してください。（徳田）

> **まとめ**
>
> まずは日本在住の顧客とインバウンド客に着目し、商品の体験を促すことが重要です。彼らにアプローチすることで、越境ECの展開をスムーズに進められます。

※3 ZMOT
「Zero Moment of Truth」の略で、2011年にGoogleが提唱した概念。顧客は店舗に来店してから購入する商品を決めるのではなく、事前にインターネットで情報収集してすでに購入する商品を決めている、という消費者行動の考え方。

19

注力すべきSNSは Instagram

インバウンド客を意識したアカウントの構築・運用法

> インバウンド施策で有効な手法の1つがInstagramの活用です。Instagramでインバウンド客向けに投稿を行い、来日前から「このお店に行ってみたい」と思わせる工夫が必要です。

広告配信が可能な「ビジネスアカウント」を開設

日本にいる外国人の中でも、インバウンド客は平日でも来店してくれるため、店舗を持つ企業にとっては救世主といえます。そして、インバウンド客に店舗を認知してもらい、来店を促すことに特に有効なSNSがInstagramです。

世界におけるInstagramの利用者数は14億人以上とされ[1]、圧倒的なボリュームがあります。また、画像と動画を主体としたSNSであるため、言語の壁を越えたコミュニケーションがしやすいことも、越境ECの施策と好相性であるといえるでしょう。

しかし、多くの日本企業がInstagramを十分に活用できておらず、集客や接客の機会を逃しているのが現状です。ここからいくつかの節で、越境ECにおけるInstagramの活用について見ていきます。

まず、アカウントの種類は必ず「ビジネスアカウント」[2]を選択してください。プロフィールに店舗の住所や地図のリンクを掲載できるので、来店への導線をスムーズに作成できます。投稿が充実してきたタイミングで、広告を配信することも可能です。

※1　出典：株式会社ホットリンクの記事
2025年 | 日本・世界のSNSの利用者数ランキングまとめ！SNS別のマーケティング成功事例も解説
https://www.hottolink.co.jp/column/20250106_114872/

※2　Instagramでビジネスアカウントを設定する方法
https://help.instagram.com/502981923235522/

コンセプトとターゲットの決定がすべての始まり

　自社のInstagramアカウントを構築・運用するにあたり、最も重要なのがコンセプトの決定です。そのためには外国人が店舗を訪れる理由を知る必要があるため、前節で述べた日本在住の既存顧客や常連客に、以下のようなインタビューをしてみてください。

・どこで、どのようにして店舗を知りましたか？

・どのような点に興味を持って来店しましたか？

　インタビューの結果が得られたら、自社が想定していた提供価値と、実際に顧客が感じている価値の間にギャップがないかを確認します。顧客が来店する理由を把握することで、Instagramアカウントを運用するコンセプトを決定できるとともに、プロフィールに記載すべき内容を明確にできます。

　コンセプトの次に考えたいのが、具体的なターゲットの決定です。「外国人の顧客」という漠然としたイメージから脱するため、既存顧客を観察し、どのような特徴があるのかを把握しましょう。

　国籍、年齢、性別、職業、趣味嗜好など、典型的な顧客像をペルソナに落とし込み、社内でペルソナの情報を共有することで、共通の顧客像を持って施策の議論ができます。こうして顧客の解像度が高まれば、Instagramの投稿で伝えるべき情報も決まってくるでしょう。

　コンセプトやターゲットを決定したら、アカウントのプロフィール画面に記載する情報を整えていきます〔図表**19-1**〕。ポイントとなるのは以下の5つの要素です。

① プロフィール（文字情報）

② ハイライト（重要なストーリーズの投稿）

③ リール（店舗の特徴・コンセプトが分かる動画）

④ リール（店舗への行き方が分かる動画）

⑤ リール（商品の特徴・選び方が分かる動画）

Instagramのプロフィール画面〔図表 **19-1**〕

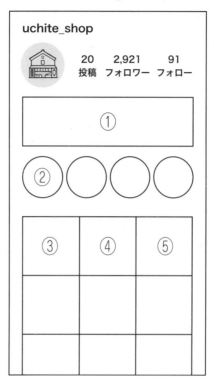

コンセプトや店舗の特徴をプロフィール画面に反映

　①プロフィールには、前述したコンセプトや店舗の特徴、住所、営業時間・曜日などを英語で記載していきます。150文字の制限があるので、内容を絞ってまとめましょう。URLは、英語の店舗紹介ページや外国人向けの来店予約ページのものを入力します。

　②ハイライトとは、プロフィール画面にストーリーズの投稿を固定できる機能です。通常、ストーリーズの投稿は24時間で消えてしまいますが、ハイライトに設定すれば24時間後も公開し続けることができます。プロフィール画面でも目立つため、店舗のコンセプトや特徴、店舗への行き方、ユーザーのレビュー、タグ付け投稿、来店クーポンなどを掲載するとよいでしょう。

リール動画のクオリティにはこだわらなくてもよい

Instagramアカウントのプロフィール画面には、最大90秒の短尺動画であるリールの投稿を3つまで固定できます。ここには前述の③店舗の特徴・コンセプト、④店舗への行き方、⑤商品の特徴・選び方が分かる動画を掲載するのがおすすめです。これら3つのリール動画については次節でも解説します。

なお、動画のクオリティは不十分でも構いません。Instagramアカウントの運用は、継続することで初めて成果が生まれます。プロのカメラマンやディレクターに撮影・編集を外注するよりも、安価で無理なく続けられる体制を社内で整えるほうが大事です。運用を続けていれば、自然とクオリティも向上していくでしょう。

特に運用初期のフォロワーが少ない段階では、投稿の質よりも量を重視し、たくさんの試行錯誤をするのが効果的です。最初は見ている人も少ないわけですから、失敗を恐れず、多くの挑戦を繰り返すことを社内のスタッフにも呼びかけてください。

運用が軌道に乗ったら広告配信も視野に

目安として9件以上の投稿を行い、Instagramアカウントの運用が軌道に乗ってきたら、広告の配信を検討しましょう。Instagramは無料で使えるサービスだと考えている人が多いですが、集客のために広告予算を確保することをおすすめします。

Instagramの広告は、Facebookと共通となるMeta広告[※3]のプラットフォームを利用して配信します。Meta広告ではユーザーの位置情報に基づいた地域ターゲティングが可能なので、店舗の周辺を訪れている海外ユーザーに向けた広告から始めてみましょう。リール動画の投稿が一定の再生数を獲得するまでは、ターゲットを絞って広告を配信して認知度を高めていきます。

また、広告と並行して、日本在住の外国人インフルエンサーや、訪日観光客向けのツアーを提供している日本人インフルエンサーを店舗を招待し、共同投稿[※4]してもらうのも効果的です。

※3 Meta広告
Meta社が提供する広告プラットフォーム。FacebookやInstagramに広告を配信できる。

※4 共同投稿
1つの投稿を複数アカウントから発信できる機能。共同投稿することで、インフルエンサーのアカウントのフォロワーを企業アカウントに送客することが可能。

SNSのアカウントは言語ごとに分けるのが鉄則

　ここまでInstagramアカウントの構築・運用について見てきましたが、海外向けのアカウントは、必ず日本向けのアカウントとは別に開設してください。これはInstagramに限らず、XやFacebookなどの他のSNSやYouTubeでも同様です。

　SNSの各プラットフォームでは、アカウントの投稿がユーザーからのエンゲージメント（※5）を獲得できているかを重視して、表示を最適化しています。日本語と英語の投稿を同一アカウントで行うと、どちらか一方のユーザーが「自分向けではない」と感じ、エンゲージメントを獲得しにくくなります。結果、投稿が表示されにくくなる可能性があるため、おすすめできません。

　また、海外向けアカウントでは、初期段階から日本国内のユーザーに情報が届きすぎないようにしてください。日本人ユーザーからの反応が多いと、SNSのアルゴリズムが日本向けの投稿と判断し、日本人ユーザーへの表示が増えてしまう可能性があるからです。

　例えば、日本向けの他のアカウントをフォローする、自社の日本人スタッフの個人アカウントからいいねやフォローをされる、ハッシュタグに和製英語を使うといった行為は、アルゴリズムが日本向けに寄っていく原因になります。ハッシュタグに関しては、英語として正しくても外国人は使わない表現があるため、事前に検索して日本人の投稿が多すぎないか、現地の外国人が使っている表現かどうかを確認するようにしましょう（徳田）。

> **まとめ**
> 越境ECにおいて、Instagramは積極的に利用すべきSNSです。アカウントを構築・運用するためのポイントを押さえて、海外のユーザーにリーチしましょう。

※5　エンゲージメント
いいね、コメント、シェアなどの反応。

※参考：著者によるYouTube動画
海外向けインスタ運用のコツ〜SNSで海外に発信！〜
https://www.youtube.com/watch?v=lleT39oiUZ8

20

リール動画は
接客の要

店舗での動画活用でインバウンド客の接客にも役立つ

Instagramのリール動画は視覚的に情報を伝えられるので、言語が分からなくても店舗や商品の情報をインバウンド客に伝える方法として最適です。接客に役立つリール動画のコツを見ていきましょう。

せっかく来店したのに買わずに帰る状況を回避

前節では、Instagramのプロフィール画面に固定表示すべきリール動画として「店舗の特徴・コンセプト」「店舗への行き方」「商品の特徴・選び方」の3つが分かる動画を推奨しました。それぞれの動画で意識すべき点を事例を交えて紹介しましょう。

1つ目の店舗の特徴・コンセプトが分かる動画は、さらに次の2つの要素に分解できます。

• 何の店舗かがすぐに分かる

• なぜその店舗で買うべきか分かる

筆者が支援したある土産物店では、インバウンド客が来店したにも関わらず、買い物をせずに帰ってしまうケースが多発していました。このような機会損失に悩む店舗は多く、外国人に対して十分な接客ができていないことが原因の1つとなっています。それを解決するために、Instagramのリール動画を接客に活用しました。

この土産物店では「日本各地の特産食品をセレクトして販売する店舗であること」「本来は現地に行かないと購入できない特別な食品を手に入れられること」を、Instagramのリール動画と店舗のデジタルサイネージで伝えました。また、各コーナーでおすすめの食品や、特徴を解説する動画をデジタルサイネージで紹介し、インバウンド客が店舗や商品の特徴を瞬時に理解できるようにしたところ、売上が改善する効果が見られました。

店舗への行き方は1分程度に、商品の選び方は店舗でも活用

2つ目の店舗への行き方が分かる動画は、駅から店舗までのアクセス方法を1分程度でまとめるのが効果的です。日本人にとっては馴染みのある土地や建物も、インバウンド客にとっては見知らぬ場所です。途中に目印となるスポットがあれば、それも含めて店舗までの道順を伝えるようにしてください。

3つ目の商品の特徴・選び方が分かる動画は、前述した土産物店では抹茶や菓子、ラーメンといった外国人が土産物として好むものを取り上げ、認知を広げる起点として活用しました。多くの商品の中からあえて厳選し、店頭で迷わないようにしています。

ほかにも、パッケージだけでは調理方法が分かりづらい商品や、ビジュアルで魅力を伝えたい商品に特化したリール動画を投稿したほか、商品の陳列スペースに掲示したQRコードから同じ動画を視聴できるようにしました。

Instagramのリール動画を集客だけでなく来店時の接客にも活用することで、購入せずに帰るインバウンド客を減らし、店舗の売上を向上させることができます。要は「どこに問題があり、どのように解決するか？」という視点が重要です。(徳田)

> 店内に外国人向けの情報が増えすぎると、日本人の客足が鈍る可能性があります。サイネージなどで流す動画は、英語・日本語の両方を作成するのが理想的です。

21

広告施策の開始は日本在住の外国人から

インバウンド客だけをピンポイントで狙うのは難しい

> リール動画の投稿が軌道に乗ってきたら、日本在住の外国人に向けたリール広告を配信し、エンゲージメントを獲得していきます。フォロワーが増えてくれば、自然にインバウンド客にも広がっていきます。

日本在住の外国人からのエンゲージメントを重視

Instagramの運用が軌道に乗り、リール動画の投稿も増えてきたら、反応のよかった動画などをリール広告として配信し、フォロワー以外の多くのユーザーへのリーチを狙っていきます。ただし、この広告のターゲットとしては、インバウンド客ではなく日本在住の外国人を意識するのが適切です。

実は、Meta広告を活用しても、インバウンド客にピンポイントで広告を配信することは難しいです。そもそも、仮に配信できたとしても、すぐにフォローしてもらうことを期待するのは現実的ではないでしょう。みなさんもたった1回広告を見ただけで、その配信元のアカウントをフォローすることはまずないはずです。

よって、まずは店舗の商圏に住んでいる日本在住の外国人を意識して、その人たちの興味を引くようなリール広告を配信することから始めましょう。そして、そうした広告を配信しながらいいねや保存などのエンゲージメントを獲得し、プロフィールを見てもらい、フォロワーの増加を狙っていきます〔図表21-1〕。

アカウントをフォローするまでの流れ〔図表 21-1〕

日本在住の顧客によるクチコミ投稿がインバウンド客にも届く

　日本在住の外国人をターゲットにInstagram広告を配信する場合は、飲食店や食料品を扱っている店舗と特に相性がよいといえます。日本で暮らしている外国人に商品を知ってもらい、来店・購入を促すことをファーストステップにしましょう。

　そうして日本在住の既存顧客との接点が増えていけば、彼らがInstagramの自社アカウントをフォローしたり、商品に関するクチコミの投稿をしてくれたりすることで、P.81の図の外側へと情報が拡散されていくことが期待できます。結果、これから日本への旅行を予定しているインバウンド客にも自社の情報が届き、滞在中に店舗へ足を運んでもらえるかもしれません。

　なお、広告ではありませんが、効果的な施策に日本在住のインフルエンサーに来店してもらい、Instagramの共同投稿を依頼することがあります。これにより、インフルエンサーや企業のフォロワーが自社アカウントをフォローしたり、店舗に来店したりしてくれるようになります。(徳田)

まとめ
広告だけで自社Instagramアカウントをインバウンド客にフォローしてもらうのは現実的ではありません。まずは、日本に住んでいる外国人をターゲットに運用しましょう。

22

UGCが生まれる仕掛けを作れ

フォトスポット＋語りたくなるうんちくを用意する

店舗に来店したことがないインバウンド客にとって、UGCがあることで来店時のイメージがつきやすくなり、興味を持ってもらいやすくなります。どのようにしたら、UGCを増やせるのかを紹介します。

特別な写真や動画を撮影できる場所・機会を提供しよう

　店舗を活用したUGC施策は、インバウンド客から他の顧客への認知を広げるうえで大きな武器になります。来店した外国人に店舗での体験の様子を写真や動画で撮影してもらい、それをInstagramなどに投稿してもらうことができれば、その人の友達や偶然投稿を見た人々にも、店舗を知ってもらえます。

　そのために準備したい仕掛けの1つが「フォトスポット」です。これは訪問者にとって、特別な写真や動画を撮影するための場所、あるいは機会のことを指します。

　みなさんも旅行で観光地を訪れたときや、テーマパークなどに遊びに行ったときに、記念としてふさわしい場所、または何かをしている様子などを撮影したことがあるでしょう。それと同様の体験を、自社の店舗を訪れたインバンド客にも提供するのです。

　さらに「語りたくなるうんちく」を用意できると、インバンド客によるUGCを促進する効果が期待できます。自社の店舗や商品でどのようなものが提供できるか、考えてみてください。

自社の持つ資源に応じてアイデアは無限に広がる

　フォトスポット＋語りたくなるうんちくについて、具体例を挙げてみましょう。仮に自社が日本酒の酒蔵だとします。

　「〇〇酒蔵」などとプリントされた法被（はっぴ）は自社の店舗オリジナルのものであり、店舗を訪れた人しか直接見ることはありません。そこでインバウンド客に向け、この法被を着て写真を撮れる場所をフォトスポットとして用意します。

　一方、日本酒の中でも50％以下の精米歩合の米を使い、吟醸造りという製法で造られるものを大吟醸・純米大吟醸と呼びます。このような専門知識の動画をフォトスポットの近くに設置したディスプレイで流せば、語りたくなるうんちくを伝えられます。インバウンド客は、法被を着た写真に日本酒のうんちくを添えて、SNSに投稿してくれるかもしれません。

　ほかにも、人が入れるほど大きな酒樽をフォトスポットにする、などの施策が考えられそうです〔図表22-1〕〈※1〉。こう書くと「そんなに大きなスペースが店舗にない」と思う人もいそうですが、例えば喫茶店で巨大なパフェを名物商品として売り出すのも、思わず写真を撮りたくなるという意味でフォトスポットといえます。自社が持つ資源に応じて、アイデアは無限にあるはずです。

フォトスポットの例〔図表22-1〕

写真を撮ったらSNSでシェアを促している

※1　日本百貨店のInstagramアカウント
https://www.instagram.com/nippon_dept_global_47/

UGCから来店・購入が増えるサイクルを設計する

　フォトスポットの準備ができたら、前節までに述べたInstagramア
カウントから、店舗の特徴を伝えるリール動画として投稿しましょ
う。また、日本在住の外国人インフルエンサーや、外国人向けに発
信している日本人インフルエンサーに取材してもらい、投稿を依頼
する施策も有効です。

　そのときには、店舗の特徴や注目の商品、フォトスポットをより
魅力的に紹介できるようなシナリオを設計し、インバウンド客が来
店する目的を意図的に作り出せるようにしましょう。「インフルエン
サーのあの人が着ていた法被を私も着てみたい!」「私もあの場所で
撮影してみたい!」と思えるような、来店したら絶対にやりたくなる
「鉄板ムーブ」を実践してもらうのが理想的です。

　さらに、実際にSNSに投稿してくれたインバウンド客にインセン
ティブを提供するとともに、UGCの投稿状況を把握できる仕組みを
取り入れることで、さらなる効果が期待できます。例えば「オリジナ
ルハッシュタグを付けてInstagramに投稿し、公式アカウントをタグ
付けしてくれた人にスモールギフトをプレゼント!」といった案内を
フォトスポットに提示する、などの方法が考えられます。

　インバウンド客によるUGC投稿が増えていけば、自社アカウント
のプロフィールを見てくれる人が増え、公式サイトや越境ECサイト
を見てくれる人も増えます。来店・購入が増えていくサイクルが自
然に発生するようにしていきましょう。(徳田)

> **ま と め**
>
> 店舗の認知拡大にはUGCが有効です。フォトスポットなど
> を準備し、インバウンド客に「店舗や自社越境ECサイトの
> 宣伝大使」になってもらいましょう。

23
Googleマップも
多言語対応せよ

ビジネスプロフィールを活用して検索に表示されやすく

> Googleマップはインバウンド客も利用するサービスのため、多言語対応することで店舗を見つけてもらいやすくなります。項目によっては自動翻訳されないものもあるため、注意が必要です。

店舗名などが日本語のままになっているお店は多い

　Googleマップは世界中で人気の地図アプリです。日本を訪れたインバウンド客も、観光地への行き方を調べたり、おすすめのお店を探したりするときに活用しています。しかし、Googleマップの言語を英語に切り替えてみると、店舗名や商品名などが日本語表記のままになっているお店が多いことに気がつきます。

　店舗オーナー向けに無料で提供されているツールである「Googleビジネスプロフィール」(※1)を活用し、店舗情報の多言語対応を行いましょう。英語での情報を充実させれば、外国人向けの「ローカル検索」での上位表示が狙えます。ローカル検索とは、特定の地域や場所に関連するキーワードでGoogleを検索したときに、店舗情報が3件まで表示される仕組みのことです〔図表23-1〕。

　ローカル検索で上位表示される要素としては、ビジネスプロフィールの更新頻度や情報の充実度、検索キーワードとビジネスの関連性の高さ、レビュー(クチコミ)の質と数、Web上でのプレゼンスの高さ、検索者と店舗の物理的な距離などが影響します。

※1　Googleビジネスプロフィール
https://www.google.com/intl/ja_jp/business/

ローカル検索の表示例〔図表 **23-1**〕

「地名＋キーワード」などで検索したときに、店舗が3件表示される

一部の項目は自動翻訳されるが確認は必要

　ビジネスプロフィールで店舗情報を多言語対応するにあたっては、Googleマップの言語にあわせて自動翻訳される項目と、店舗オーナーが手動で入力する必要がある項目を把握しておく必要があります。次に挙げるのは自動翻訳される項目です。

- GoogleマップのUI
- カテゴリ
- 住所
- レビュー
- 電話

　一方、以下の項目は手動での入力が必要です。正しい英語表記をビジネスプロフィールの管理画面から入力しておきましょう。

- ビジネス名（店舗名や企業名）
- 商品
- ビジネス概要
- サービス
- 最新情報（投稿）
- メニュー（飲食店の場合）

　なお、ビジネス名はビジネスプロフィールの管理画面から直接編集することができません。言語ごとに異なる店舗名を設定したい場合は、Googleマップの言語設定を切り替えたうえで、［情報修正の提案］から変更をリクエストします〔図表**23-2**〕。

店舗名を変更する画面の例〔図表 23-2〕

[Suggest a correction to information] から、情報を変更する

外国人からのレビューの収集が特に重要

ビジネスプロフィールによってGoogleマップの店舗情報を多言語対応することで、次のようなメリットが期待できます。

- 日本在住の外国人に店舗を見つけてもらいやすくなる
- 帰国後に検索したときに正確な情報を届けられる
- SNSで多言語対応されたGoogleマップの情報がシェアされる

そして、こうしたメリットを得るために特に重要な施策が、外国人からのレビューの収集です。レジ前やテーブルなどに、Googleマップでのレビューの投稿を促す案内を設置し、インバウンド客がレビューしやすい環境を整えましょう。レビューを見た他のインバウンド客が来店・購入する可能性が高まるのはもちろん、ローカル検索で上位表示されやすくなる効果も期待できます。

ただし「レビューを投稿したら○％割引」といった、報酬付きのキャンペーンでレビューを収集することは、Googleのガイドライン違反になるので避けてください。(徳田)

> **まとめ**
> Googleビジネスプロフィールの多言語対応の有無によって、集客に大きな差が生まれます。多言語対応の基本を押さえて、対策を行ってください。

24
買わない理由を消していけ

旅行時に購入されにくい商品を物流サービスで解決する

旅行中、完成までに時間がかかる商品や持ち運びが大変な商品は購入を見送られてしまうことがあります。そのような機会損失は、海外への配送を手軽に行える物流サービスを利用して防ぎましょう。

「完成後に海外配送が可能」と案内して不安をなくす

インバウンド客は、旅行中であるがゆえの時間的制約や持ち帰りの難しさが理由で、商品の購入を諦めてしまうケースが少なくありません。例えば、度付きレンズの眼鏡やオーダースーツといった完成までに時間がかかる商品、重くてかさばる土産物などが挙げられます。このような課題は、物流サービスで解決しましょう。

完成までに時間がかかる商品であれば、店頭で「完成後に海外配送が可能」であることを、外国語のPOPやスタッフからの説明で周知します。受け取る時間がないインバウンド客でも、安心してオーダーができるようになります。

海外配送の方法としては、日本郵便の国際スピード郵便「EMS」[※1]のほか、DHL、FedExといった配送業者を利用するのが一般的です。各社の伝票を用意しておき、顧客が店頭で記入できるようにしておきます。しかし、このタイミングでは伝票の記入ミスや、記入した文字が読めないなどのトラブルが起こりがちです。物流サービスにDXも加えた解決策を検討してみてください。

※1　EMS
「Express Mail Service」の略。世界各国の郵便事業体がサービスを提供しており、日本郵便では120以上の国や地域、30kgまでの書類・荷物に対応している。
https://www.post.japanpost.jp/int/ems/

QRコードを顧客のスマホで読み取って配送先を直接入力

　株式会社高速オフセットが提供する「ハコボウヤ」(※2)は、インバウンド客向けの海外配送をDXで効率化できるサービスです。顧客が店頭でQRコードを読み込って配送先を入力し、さらにスタッフがその情報を読み込むと、EMSの伝票を簡単に作成できます〔図表24-1〕。あとは印刷して荷物に貼り付けるだけなので、伝票の記入ミスによるトラブルを大幅に減らせるでしょう。

　こうしたサービスを案内することで、インバウンド客が持つ不安が解消されると、自分用だけでなく家族や友達への土産物も購入するなど、客単価が向上する効果が期待できます。最近では陶芸体験などを提供する企業がこうしたサービスを導入し、焼き上がった陶器を海外配送する事例も増えているようです。(徳田)

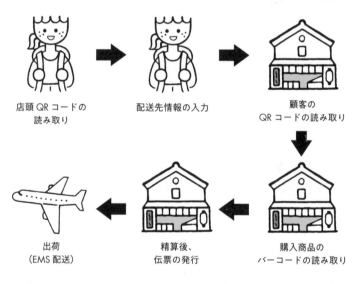

ハコボウヤの仕組み〔図表24-1〕

> **まとめ**
> 完成に時間がかかる商品や、重くてかさばる商品を取り扱う店舗では、海外配送に対応するだけで購入機会を逃すことなく、売上の向上を図れます。

※2　ハコボウヤ
https://hakoboya.com/

※参考：著者によるYouTube動画

インバウンド顧客を購買に繋げ、客単価を上げるオフラインマーケティング施策とは？
https://www.youtube.com/watch?v=XothiZi7071

25

ショップカードで
OMOを実現せよ

帰国後のインバウンド客を越境ECサイトに呼び込む

店舗があるなら、ショップカードは必ず導入しましょう。旅行中に店舗を訪れてくれたインバウンド客が、帰国後に自社越境ECサイトで購入してくれるなど、ショップカードにより帰国後のつながりを保てます。

「タビアト」の行動は「タビナカ」が鍵を握る

インバウンド客を対象としたビジネスでは、「タビマエ」「タビナカ」「タビアト」という考え方があります。日本に来る前、旅行中、帰国後のフェーズを指しており、それぞれで有効な施策と顧客の関心事が移り変わっていきます〔図表25-1〕。

Chapter 2ではここまで、タビマエ、タビナカのフェーズに該当する施策を解説してきましたが、今後、Chapter 3で説明する自社越境ECサイトで売上を上げていこうとすると、タビアトが重要になってきます。店舗で商品を体験・購入してくれたインバウンド客が帰国した後、今度は越境ECサイトで購入してくれれば、継続的に売上を増やしていくための大きな一歩になります。

このようなOMOの施策として典型的なのが、ショップカードの活用です。店舗で購入したインバウンド客に、越境ECサイトのURLやQRコードが記載されたカードを渡すことでアクセスを促します。「実際に商品の魅力を体験したのだから、帰国後にサイトで購入してくれるだろう」と、多くの人は期待するかもしれません。

タビマエ、タビナカ、タビアト〔図表 **25-1**〕

事業者	タビマエ	タビナカ	タビアト
	自社越境ECの開設 観光客の集客	来店促進 観光客の会員化	定期的な情報発信 リピート購入

言語の壁

インバウンド客	情報収集	体験予約 実店舗への来店・購入	再来店・再購入

　しかし、現実はそう甘くなく、ショップカードから越境ECサイトに訪問してくれるインバウンド客はごくわずかです。筆者が知る事例から、OMO施策の課題と解決につながるアイデアを紹介します。

評判価値商品には自社を選ぶ強力なオファーが必要

　裏原宿は若者が集まるファッションの街という印象がありますが、インバウンド客にも人気があります。そこで中古ブランドのアパレルショップを経営しているオーナーに聞いたところ、「インバウンド客は店頭では喜んで購入してくれるが、なかなかオンラインに引き上げられない」とのことでした。

　中古ブランド品に代表される「評判価値」の商品 (P.35を参照) は、圧倒的な認知があるものの、他の店舗やECサイトでも容易に購入できる商品です。よって、自社越境ECサイトに来てもらうには、割引を提示するなどの強烈なオファーが必要でしょう。

　例えば、ショップカードに「このQRコード経由でアクセスされた方は、初回購入に限り全品20%オフ」などと記載するなど、他社ではなく自社のECサイトで購入する明確な理由を作ってください。

共感価値商品は「あの体験」を思い出せる仕掛けを作る

一方、筆者が支援した抹茶を販売するプロジェクトでは、「日本で飲んだ抹茶の味が忘れられなくて、高くてもいいからオンラインで手に入れたい」と、サウジアラビアの顧客からレビューをもらいました。抹茶のような日本伝統の食品は「共感価値」の商品に分類できますが、タビナカで唯一無二の体験を提供することで、タビアトにオンラインへと引き上げられる可能性が高まります。

店舗のショップカードでは、Instagramでの写真投稿を促すアイデアが考えられます。例えば、抹茶を飲んでいる様子を、店舗のアカウントをタグ付けしたうえで投稿してくれたら、茶菓子を無料で提供するなどのインセンティブを用意します。顧客が自国に戻って「もう一度食べたい」と思ったときに、その投稿が自社越境ECサイトにアクセスするきっかけになるはずです。

ショップカードを活用したOMO施策は簡単ではありませんが、決して無駄ではありません。顧客の視点に立ち、自社越境ECサイトを訪問する理由を作るアイデアを練ってみてください。(徳田)

ショップカードがあれば、旅行後も商品に興味を持ってもらえる可能性が高まるね!

まとめ
評判価値・共感価値の商品のどちらも、自国に戻った後にオンラインサイトで購入してもらうための理由付けをしっかりすることが重要です。

Chapter 3

自社越境
ECサイト

日本と海外を結ぶWeb施策設計

26
ECカート選びの5つの掟

これから越境ECサイトを構築するならShopify一択

自社で越境ECサイトを開設しようとする場合、どのECカートを選べばよいのでしょうか？ 筆者は「Shopify」を推奨しています。その理由と、ECカート選定における5つの判断基準を解説します。

グローバルビジネスに対応しているカートを選ぶ

自社の越境ECサイトを開設するにあたっては、最初にどのECカート〈※1〉を導入するかがポイントになります。商品を海外向けに販売するため、グローバルビジネスに対応したサーバー環境や他通貨決済、配送設定といった要素が欠かせません。以下の5つの基準を満たしているか判断しながら、ECカートを選定しましょう。

①海外からのアクセスでも表示速度が遅延しない

②追加的な機能の導入が簡単

③多言語展開が簡単

④多通貨の表示・決済が可能

⑤コンテンツの拡充が簡単

国内向けのECカートで越境ECに挑戦する人もいますが、筆者の結論としては、上記の要件をすべて満たしている「Shopify」を利用することをおすすめします。

※1　ECカート
ECサイトに必要な、カートや決済といった商品の販売に関する機能が揃ったサービスやソフトウェアのこと。

アプリを追加してメールやレビューの機能を追加

　前述の5つを基準として挙げた理由を説明しましょう。まず①ですが、日本でホスティングされているサーバーに海外からアクセスすると、ECサイトの表示速度が遅くなることがあります。

　そのため、海外からアクセスした場合でも、表示速度が遅くならないカートを選ぶようにしましょう。Shopifyではクラウドでサイトをホスティングし、海外ユーザーの最寄りのサーバーにデータを取得しにいく仕組みを月額3,650円のBasicプランから利用できます。

　②は、越境ECサイトの売上を伸ばすうえで、メールマーケティングやレビューの取得、再入荷通知などの機能が必要になるためです。これらを大きなコストや時間をかけて導入すると、高速なPDCAサイクルを回せません。そこで、機能追加が簡単に行えるカートを選ぶとよいでしょう。ShopifyにはECサイトに最適な機能をアプリとして追加でき、1カ月単位で実装と解約が行えます。

　ただし、Shopifyであっても、実現したいことにピッタリ一致するアプリがあるとは限りません。要件を完全に網羅するアプリを探すよりも、すでに公開されているアプリにあわせて運用を調整する、という考え方で進めていくことをおすすめします。

日本語サイトをベースにアプリで越境ECサイトを構築

　③は当然のことですが、すでに日本語のECサイトを運営していて、越境ECのために多言語化する場合、その変換が簡単にできるカートを選ぶとよいでしょう。

　多言語化には翻訳やコピーライティングが必要ですが、ゼロから工数をかけて翻訳するのではなく、多言語アプリを有効活用するとコストを抑えられます。そのうえでネイティブスピーカーによるチェックを入れ、現地の外国人が見ても自然な英語になるように仕上げていきます。

　Shopifyには「Translate & Adapt」[※2]をはじめ、さまざまな多言語化アプリがあります。日本語でShopifyを運用している企業であれば、比較的容易に越境ECサイトを構築できるでしょう。

※2　Translate & Adapt
https://apps.shopify.com/translate-and-adapt

多通貨での決済やコンテンツの柔軟な拡充にも対応

続いて「④多通貨の表示・決済が可能」ですが、ECカートの選定時には、多通貨表示や海外の決済手段に対応しているかを必ず確認してください。越境ECサイトで商品を販売するには、販売する国の通貨で商品の価格を表示でき、その国で使われている決済手段に対応している必要があります。

Shopifyでは多通貨決済はもちろんのこと、複数の決済サービスと提携しており、ターゲット国のユーザーにあわせた決済手段の提供が可能です。

最後の「⑤コンテンツの拡充が簡単」は、海外顧客から自社ブランドについての理解を得るために不可欠なポイントです。商品の選び方を伝える「選び方コンテンツ」や商品詳細ページに載せる「商品説明コンテンツ」、ショート動画、レビューコンテンツなど、顧客の意思決定に必要な情報は複数あります。

Shopifyであれば、ブロックごとにコンテンツを拡充したり、「メタオブジェクト」という機能を使用して特定カテゴリの商品詳細ページに共通のコンテンツを掲載したりすることも可能です。どのECカートを選べばよいのか分からないという状態なら、Shopifyを利用しましょう。

なお、中国を視野に入れて越境ECサイトを展開する場合は、ECカートとして「SHOPLINE」も1つの選択肢となります。このカートは前述の5つのポイントを押さえていることに加え、「グレートファイヤーウォール」による検閲を突破して中国からも閲覧することが可能です。(徳田)

> **まとめ**
> これから英語圏向けに自社越境ECサイトを始めるなら、Shopify一択です。無理に日本語のカートで海外対応せずに、越境ECに適したカートで挑戦するようにしましょう。

※参考：著者によるYouTube動画

【前編】インバウンド×越境ECに強い！ SHOPLINEの全貌を徹底解説
https://www.youtube.com/watch?v=RwiakXoowhY

27

国ごとに最適な価格を設定せよ

為替や現地の事情を考慮した価格をShopify Marketsで設定

> 越境ECサイトでは、多通貨決済できることが大事だと前節で述べました。Shopifyの「Markets」機能では、国・地域ごとに価格を変更できます。顧客からしても、現地の価格に準じているため買いやすくなります。

国や戦略に応じて価格の設定が可能

　越境ECサイトでは、顧客の国や地域にあわせた通貨で価格や配送料を表示することが重要です。Shopifyの「Markets」機能を活用すると、国や地域ごとにカスタマイズした価格設定ができ、それぞれにあわせた戦略的な販売が行えます。

　Markets機能の活用例としては、主に次の3つが挙げられます。

- 為替の影響が大きい市場への対応
- ターゲット市場に応じた戦略的価格設定
- ブランド戦略に基づいたプレミアム価格設定

　商品を固定価格で販売していると、円安が急速に進行した場合など、為替レートの変動によって利益が損なわれる可能性があります。日本国内と海外で異なる価格を設定することで、こうしたリスクを軽減できます。

　また、購買力が低い市場では低価格に設定し、現地での競争力を

高められます。一方で、北米や欧州など、ブランド価値が認識されやすい地域では高価格帯に設定し、ラグジュアリーブランドとして展開することで収益性を向上させる戦略も可能です。

　Markets機能を活用した価格設定のおおまかな手順は、以下の通りです。このほか、商品の価格をCSVファイルとしてエクスポートし、各マーケットごとの価格を一括編集した後にインポートすることも可能です。さらに「Shopify Plus」[※1]を契約すると、BtoBや特定の顧客グループ向けにさらに細かい価格設定ができます。

(実施手順)
① Shopifyの管理画面で［Markets］を表示する。
② 特定のマーケットを選択し、［価格設定］セクションで［カスタム価格］または［固定価格］を設定する〔図表27-1〕。

Markets機能の価格設定画面〔図表27-1〕

※1　Shopify Plus
通常のBasic/Standard/Premiumプランよりも高いパフォーマンスと機能を提供するプラン。最低料金は月額2,300ドル（3年契約の場合）。
https://www.shopify.com/jp/plus/pricing

現地の価格に沿っているから顧客も買いやすい

Markets機能による価格設定は、現地の顧客から見ても、次の2つのメリットがあります。

- 明確で透明性のある価格
- 現地の物価に適した価格

1つは、顧客からすると自国通貨での固定価格が表示されるため、為替換算の手間や不安がなくなります〔図表27-2〕。これは購入時の心理的ハードルを大きく下げる効果があります。

もう1つは、顧客から見て適切な価格で提供されることで、購入を検討しやすくなります。この点は、特に価格に敏感な国や地域で有効で、現地の物価をよく把握したうえで価格設定をするようにしましょう。(徳田)

国ごとに価格が設定されている画面の例〔図表27-2〕

> **まとめ**
> 顧客の国にあわせて価格戦略を変えることは、自社越境ECサイトを展開するうえで必ずやっておきたいことです。ShopifyのMarkets機能を活用しましょう。

28

決済手段の不安は離脱に直結する

Global-eやPayPalを導入して決済ページ以外でも明示

> 海外のサイトで購入する際、自国の決済手段が使える
> と顧客の安心感につながります。「Global-e」などの
> 世界的に有名な決済ツールを導入したり、決済手段を
> 購入前に確認できたりする工夫が必須です。

決済手段は購入前に確認できるようにする

　自社越境ECサイトにおける課題の1つに、決済手段があります。海外の顧客からすると、Amazonのような有名サイトではなく、日本の一企業が運営するECサイトに、自分のクレジットカード情報を登録することには不安を感じるものです。また、普段使っている決済手段がないことも、購入せずに離脱する理由となります。

　こうした状況を防ぐには、ターゲットとなる国でよく使われている決済手段を利用できるようにするほか、支払い回数を選択可能にするなどの解決策があります。また、P.65でも述べたGlobal-eやPayPalのような、世界的に知られているサードパーティ決済ツールに対応することも重要です。

　加えて、さまざまな決済手段に対応していることを、サイトのトップページやフッターなどの共通部分などに目立つように記載してアピールしましょう。その旨の表記が決済ページにしかないのでは、顧客は購入直前まで気付くことができません。商品の購入を検討している段階から認識してもらえるようにします。

Global-eの導入でECサイトの売上が2.5倍に

サードパーティ決済ツールによる成功事例を1つ紹介しましょう。ある東南アジア発のアイウェアブランドは、アーティストやハイブランドとのコラボを頻繁に行い、10〜30代の若者に人気があります。平均3〜4万円とハイブランド並の価格設定になっており、若者からするとやや高額です。

同ブランドはShopifyで越境ECサイトを展開しており、決済手段としてGlobal-eを導入することで、導入以前に比べて売上を2.5倍に伸ばしました。Global-eは複数の決済手段を提供するアプリですが、その中の「Klarna」(※1)はオンライン決済サービスでありながら分割払いに対応しており、これが高額でも同ブランドのアイウェアが欲しい若者のニーズにマッチしたのです。

また、ある日本発のアクセサリーブランドは、Global-eを導入したことでヨーロッパでの売上を伸ばしました。決済手段について詳しく分析をしてみると、ドイツやベルギーなどのヨーロッパ各国では、クレジットカードと非クレジットカードの割合が2：8だったのです。明らかにクレジットカード以外の決済手段を使用している国が多く、クレジットカード以外の決済手段を増やしたことが、ヨーロッパ顧客を獲得する要因となっています。

一方、PayPalもグローバルな決済手段として人気があり、「代金を支払ったのに商品が届かなかった」「届いた商品が説明されているものと著しく異なる」などの問題があった場合に補償が受けられる買い手保護制度があります。ECサイトにクレジットカード情報を登録せずに買い物ができるため、初めて利用するサイトで選択されやすい決済手段となっています。（徳田）

> **まとめ**
> 決済手段を増やして顧客の不安を払拭し、購入へつなげましょう。決済ページで離脱が発生している場合は、決済手段を見直してください。

※1　Klarna（クラルナ）
https://www.klarna.com/jp/

※参考：著者によるYouTube動画
越境ECの大きな課題：決済、税務、物流の解決方法
Global-eとは？
https://www.youtube.com/watch?v=kGMta4Ss2ZY

29

越境ECでも
階段設計は大事

「購入」から「会員登録」にハードルを下げる

自社越境ECサイトを初めて訪問した海外のユーザーに、いきなり商品を購入してもらうのはハードルが高いです。まずは会員登録してもらうことを目標にしましょう。その際、クーポンの配布は非常に有効です。

サイトを初めて訪問した顧客の多くは「そのうち客」

一般的なECサイトの成約率は、約1%といわれています。つまり、サイト訪問者のうち99%は、何らかの理由で購入せずにサイトを離れてしまっているということです。

仮に1クリック100円の広告でECサイトに集客している場合、1万円の広告費でやっと1件の成約を得る計算になります。これでは費用対効果が見合いにくいでしょう。そのようなときに取り入れたいのが「階段設計」です〔図表29-1〕。

サイト訪問者には、商品を自社の店舗や外部メディアなどで知っており、すぐにでも購入したい「今すぐ客」もいれば、課題や悩みの解決に役立つ商品を探しているだけの「そのうち客」がいます。今すぐ客は全体の1%程度、そのうち客は5〜10%程度です。

サイトを初めて訪問した顧客の多くは「そのうち客」であり、いきなり購入を促すのはハードルが高すぎます。最初は低めのハードルを設定し、徐々に購入へと上げていく階段設計を取り入れ、顧客と段階的にコミュニケーションを深めていきましょう。

階段設計の例〔図表 **29-1**〕

会員登録＋初回購入時の割引クーポンを提示

　ECサイトにおける階段設計としては、初回訪問ユーザーに期待するコンバージョンポイントを「購入」ではなく「会員登録」に設定するのが典型例です。具体的には、サイトを訪問したユーザーにポップアップバナーを表示し、会員登録＋初回購入時○%OFFクーポンを提示するなどの手法で実現します。

　Shopifyのアプリストアには、こうしたポップアップを表示できるメールマーケティングやマーケティングオートメーション（※1）のツールが提供されており、「Omnisend」「Klaviyo」「Dotdigital」などがあります。ストアで検索して導入を検討してみてください。

　少しでも興味を持っているユーザーに対して、初回購入時の割引を提示することで、一定数が会員登録をしてくれる可能性が高まります。また、会員登録によって顧客のリストを増やしていくことは、時間をかけて大きな強みとなります。クリスマスなどのイベントや、P.184でも解説するブラックフライデー＆サイバーマンデーのような大規模セール時に、売上に大きな差が出てくるでしょう。

会員登録してもらえばカート落ちメールも配信可能に

　会員登録後は、メールを通じて顧客とのコミュニケーションを深

※1　マーケティングオートメーション
獲得した顧客の情報を一元管理しながら、適切なタイミングで見込み客にアプローチを行い、リードの獲得やナーチャリングを効率的に行うための概念やツールのこと。「Marketing Automation」の頭文字を取って「MA」とも呼ばれる。

めていきます。筆者は「知ってもらう」「深く知ってもらう」「購入してもらう」という3ステップがあると考えており、会員登録してもらえた時点で「深く知ってもらう」フェーズのスタートです。

自社の商品やブランドについて深く知ってもらうため、ウェルカムメールを配信してコンテンツページへ誘導しましょう。ただ割引を提示して初回購入のハードルを下げるのではなく、複数回のウェルカムメールで顧客に価値を感じてもらい、価格以上の価値を感じてもらえる状況を作っていきます〔図表29-2〕。

なお、会員登録後は、顧客がカートに商品を入れたままになっている「カート落ち」（P.76を参照）が発生した場合に、商品の購入を促すメールを配信できます。会員登録を取り入れた階段設計は、顧客のハードルを下げるだけでなく、複数のメリットがある施策だということを理解してください。（徳田）

ウェルカムメールやカート落ちメールの配信〔図表29-2〕

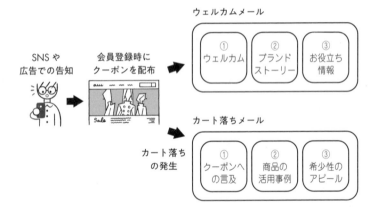

> **まとめ**
> 自社越境ECサイトを初めて訪問したユーザーには、購入よりも会員登録を促し、コンテンツを通して知識を深めてから購入する階段設計が有効です。

※参考：著者によるYouTube動画

【事例付】価値を伝え、リピーター（F2転換）を生む、海外向けメールマーケティング術
https://www.youtube.com/watch?v=gqwpYzDn2oQ

30

商品を選ぶ基準を顧客に示せ

「選べないから買わない」をコンテンツで解決する

> こだわりのある商品を販売していたとしても、顧客が
> その価値を理解できていなかったら、魅力が伝わらず
> 購入に至りません。判断基準や選び方をコンテンツで
> 示して、顧客の「欲しい」を引き出しましょう。

価格と知名度以外の、商品の判断基準を伝えるコンテンツ

アクセス解析ツールを見ると、商品一覧ページと商品詳細ページを行き来するものの、購入せずに離脱してしまうユーザーが一定数いることが分かります。これは越境ECサイトにありがちな課題で、自社と顧客の間で商品の認識にズレがあり、そのギャップが顧客の離脱を招いている状況です。「判断基準コンテンツ」と「選び方コンテンツ」を用意し、そのギャップを埋めましょう。

海外の顧客は、商品を選ぶ判断基準を持っている人もいれば、そうでない人もいます。後者の場合、価格やブランドの知名度を基準にするので、最も安い商品や知名度の高い商品以外は購入しません。

そこで「〇〇を選ぶときの5つのポイント」というように、特定カテゴリの商品を選ぶときに知っておくべき事項を解説する判断基準コンテンツを用意します。判断基準コンテンツはブログや静的ページで用意し、グローバルナビやフッターのサイトマップ、商品詳細ページから導線を用意します。自社の商品が価格や知名度以外の要因で購入されている場合は、必ず用意してください。

顧客の悩みに寄り添って、商品の選び方を案内するコンテンツ

選び方コンテンツは、商品の選び方について解説している記事です。顧客の目的や課題、ニーズに応じて、自社が提供する商品の中からどれを選べばよいかを解説し、商品詳細ページに導きます。

みなさんは「熊野筆」をご存じでしょうか。広島県安芸郡熊野町で作られている伝統工芸品のことで、画筆や化粧筆として使われます。この熊野筆の化粧筆を越境ECサイトで販売しているとして、どのようなコンテンツを提供するのがよいでしょうか？

商品一覧ページを表示すると、さまざまな化粧筆がずらりと並んでいます〔図表30-1〕。このページを見ただけでは、顧客はどの商品が自分の悩みや課題を解決するものなのか分からず、離脱してしまう可能性が高いでしょう。

筆者はこの問題を解決するため、海外の顧客に「どのような悩みを解決するために化粧筆を使い、どう活用しているのか？」というインタビューを行いました。結果、「自分の悩みを解決する商品がどれなのか分からない」という状況であることが分かったのです。これを受けて「お肌の悩み別 化粧筆の選び方」というコンテンツを用意したところ、非常に高い効果がありました〔図表30-2〕。

熊野筆（化粧筆）の商品一覧ページ〔図表30-2〕

熊野筆の選び方コンテンツ〔図表 30-2〕

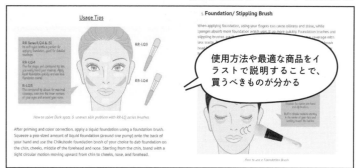

使用方法や最適な商品をイラストで説明することで、買うべきものが分かる

　選び方コンテンツは、一度離脱した顧客に再訪問してもらう際の受け皿として使用することで、絶大な効果を発揮します。広告やメルマガ、SNS投稿の受け皿として活用してみてください。

　Chapter 1でも繰り返し述べてきた通り、筆者が越境ECのコンサルティングを行う際は、必ず顧客へのインタビューを実施し、ターゲットユーザーがどのような悩みを抱えているのかを調査します。そのうえで、具体的な課題を解決するための商品の選び方のコンテンツを作成しています。

　ここで重要な点は、企業側だけの視点で選び方コンテンツを作らないことです。海外の顧客がどのような目的で商品を探しているのかをヒアリングし、その探し方や悩み、課題に寄り添ったコンテンツを用意しましょう。(徳田)

> **まとめ**
> 判断基準コンテンツと選び方コンテンツは、海外の顧客の悩みと商品を紐付ける橋渡しです。顧客インタビューを行い、納得して購入できるようにしましょう。

※参考：著者によるYouTube動画

【実践編】越境EC（海外向け通販サイト）で必要なコンテンツとは？
https://www.youtube.com/watch?v=AYy3ytuNxaQ

31
商品一覧ページを最適化せよ

ブランドの紹介コンテンツや絞り込み機能で工夫する

> 越境ECサイトの商品詳細ページは、顧客が購入を決めるきっかけとなるページであり、そこへ誘導する商品一覧ページも重要です。顧客が探している商品がすぐに見つけられるレイアウトにしてください。

カテゴリ別の商品一覧ページには関連コンテンツも掲載

商品一覧ページは、ユーザーが欲しい商品にたどり着くための橋渡しとなる重要なページです。商品名、商品写真、価格といった基本情報のほか、ベストセラーやセールの商品には目立つバッジを、割引中の商品には取り消し線を引いたもとの価格を掲載します。もちろん、価格はターゲット国の通貨単位で表記してください。

カテゴリ別の商品一覧ページには、そのカテゴリに関連したコンテンツを掲載するのもよい方法です。例えば、中古ブランド品を扱うECサイトであれば、ブランド別の商品一覧ページに、そのブランドの歴史やこだわり、シグネチャーアイテム[※1]などのコンテンツを掲載する方法があるでしょう。

高級バッグなどを扱うECサイト「REBAG」[※2]では、商品一覧ページにブランドを紹介する文章を掲載したうえで、代表的な商品で簡単に絞り込めるようにするために「Louis Vuitton Speedy Handbags」「Louis Vuitton Neverfull Totes」といったリンクを掲載しており、参考になります[図表31-1]。

※1 シグネチャーアイテム
ファッションの分野で、そのブランドを象徴するような商品のこと。

※2 REBAG
https://www.rebag.com/

REBAGの商品一覧ページ〔図表 31-1〕

代表的な商品へのリンクを張ることで、顧客がすぐに商品を探せる導線ができている

商品数や商品の傾向から一覧ページの設計を考える

　商品数が多い場合は、商品一覧ページに絞り込み機能を用意しましょう。Shopifyでは「Shopify Search & Discovery」(※3)アプリを利用すれば、検索機能のカスタマイズや商品をレコメンドできます。筆者が中古ブランド品の越境ECサイトを展開する際にも、海外の顧客が商品を簡単に見つけられるように、このアプリを使って対策を行っています。

　なお、どういったカテゴリが必要かは、自社が取り扱う商品数や商品の傾向を見て検討してください。例えば、同じ中古ブランド品ショップでも、1つの高級ブランドを専門にしている場合と、複数のブランドをフラットに扱っている場合では、カテゴリの設計がそもそも異なってきます。商品の絞り込み機能も、特定ブランドの人気モデルを軸にするか、「ブランド名×靴」「ブランド名×バッグ」といった組み合わせでの深掘りを軸とするかなど、最適解を探していく必要があります。(徳田)

> **まとめ**
> 商品一覧ページは、商品詳細ページに顧客を導く重要な役割を果たします。探している商品が見つけにくいと離脱の要因になるので、注意してください。

※3　Shopify Search & Discovery
https://apps.shopify.com/search-and-discovery

32

商品詳細ページは作り込めているか?

翻訳やページ制作のコストを抑えたサイト構造にする

魅力的な商品詳細ページを作れていますか? すべてのページに共通で掲載する情報は一括管理する、ユーザーにとって見やすいサイト構成にするなど、商品詳細ページで意識すべき点は多々あります。

商品詳細ページの充実でユーザーの離脱を防ぐ

　海外の顧客は、主に商品詳細ページのコンテンツをもとに購入の判断をします。特に、商品の説明やスペック、レビュー、使い方の提案などがしっかりと記載されていると、その越境ECサイトや商品への信頼感が高まり、購入を後押しする効果があります。

　しかし、多くの日本企業では、翻訳のコストやページ制作のリソースがかかるといった制約により、商品詳細ページの作り込みが不十分となっています。以下に挙げる5つの点を意識しながら、自社越境ECサイトの商品詳細ページが顧客にとって使いやすく、魅力的なものとなっているかを確認してください。

- 全商品共通の情報をShopifyのメタオブジェクトで管理
- 商品カテゴリやシリーズごとにカスタマイズした情報を表示
- 多言語対応を効率化
- 購入を後押しするコンテンツを効率的に追加
- 運用効率の向上

共通の情報はShopifyのメタオブジェクトで一括管理

まず活用したいのが、Shopifyの「メタオブジェクト」です。メタオブジェクトはShopifyの標準的なデータに自由に情報を追加できる機能で、商品詳細ページのコンテンツを効率的に充実させることができます。

具体的には、商品の取り扱いや配送ポリシー、返品交換ガイド、サポート情報など、すべての商品ページで共通して表示する情報をメタオブジェクトでまとめて管理しましょう。これにより、情報更新時の手間を大幅に削減できます。

また、統一されたフォーマットで情報を提供できるため、ユーザーは必要な情報をすぐに見つけられます。商品に使われている素材の特徴や使い方の注意点のような、商品群に関する個別の情報をメタオブジェクトで一元管理することも可能です。

さらに、特定のフレーズや説明文といった、翻訳が必要な商品情報をメタオブジェクトで管理すると、同じ内容が他の商品ページにも自動的に適用されます。翻訳作業の重複を避け、コストと時間を削減することが可能です。

メタオブジェクトで管理できるのは、商品情報だけではありません。顧客の購入を後押しするようなFAQ、レビュー、使用シーンの画像や動画なども管理できるので、ページの作り込みが容易になります。特に、商品が解決する課題や顧客が得られるメリットを具体的に記載できると、CVRの向上に期待ができるでしょう。

一般的には商品が増えれば増えるほど、商品詳細ページの管理は煩雑になっていきますが、メタオブジェクトを使えば一括で情報を管理・反映できるため、運用効率が向上します。また、情報の抜け漏れや記載ミスを防ぎ、顧客に正確な情報を提供できます。

アコーディオンブロックでシンプルなUI設計を実現

商品詳細ページをシンプルにまとめるには、「アコーディオンブロック」の活用がおすすめです。これはWebサイトのUIにおいて、

ユーザーの操作によってコンテンツを折りたたんだり開いたりできる仕組みのことで、視覚的にスッキリしながら、情報の網羅性を確保できます。

また、アコーディオンブロックはモバイルでも使いやすく、視認性が高い点も魅力です。アコーディオンブロックでまとめる情報の例を紹介します。

- **商品スペック**（素材、サイズ、製造地など）
- **使い方やメンテナンス方法**
- **ブランドストーリーや商品の開発背景**
- **FAQやレビュー**

一方、例えばマットレスなど、高価格帯かつ機能性を重視した商品では、日本でよく見かける縦長ランディングページ (LP) のような情報を一覧で段階的に提供する設計が効果的です。

縦長LPでは、写真、動画、インフォグラフィックなどの視覚的要素を取り入れることで、商品の特徴や使用感を直感的に伝えられます。また、FAQ、保証ポリシー、返品条件など、ユーザーの疑問解消セクションを設けることで、信頼性の向上につながるでしょう。

競合サイトがある場合は、そのサイトの商品詳細ページの調査を行い、自社越境ECサイトに生かしてください。例えば、競合の商品ページの情報構成から顧客が求める情報を把握し、自社の特性にあわせたデザインを導入してみましょう。競合サイトのレビューやクチコミからは、顧客の満足点・不満点を把握できるので、商品やページの改善につながります。（徳田）

> **まとめ**
>
> Shopifyのメタオブジェクトを活用した情報管理、アコーディオンブロックを用いたUI設計などを参考に、商品詳細ページを検討してみましょう。

33

顧客の理解を深める
ブログ記事5選

深掘り、比較、ギフト、選び方、使い方で購入を後押し

> 自社越境ECサイト内のブログ記事は、商品詳細ページでは伝えきれない情報を伝えられるので、顧客の商品への理解を促すことができます。5つのコンテンツを使いこなし、顧客の購入意欲を促進しましょう。

商品の魅力を深掘りした記事に複数の導線で誘導

越境ECサイトにおいても、ブログは検討中の顧客の購入意欲を刺激できるコンテンツとして重要です。筆者はブログ記事のコンテンツとして、以下の5つが有効だと考えています。

①深掘りコンテンツ　　　　④選び方コンテンツ

②比較コンテンツ　　　　　⑤使い方コンテンツ

③ギフトガイドコンテンツ

「①深掘りコンテンツ」では、商品詳細ページだけでは伝えきれない商品の魅力や活用事例、背景などを盛り込みます。このページへの導線は、商品詳細ページ以外にも複数用意しましょう。例えば、カテゴリ別の商品一覧ページで離脱したユーザー向けにリターゲティング広告[※1]を配信して誘導する、あるいはカート落ちしているユーザーへのメールにリンクを掲載するなど、購入検討フェーズの顧客が見つけやすいようにします。

※1　リターゲティング広告
過去に自社サイトを訪問したことがあるユーザーに対して配信する広告のこと。

顧客の比較検討とギフト選びを促進

「②比較コンテンツ」では、比較検討されやすい商品群のスペックや事例と並べて、ユーザーが検討しやすくします。ブログ記事の結論として、「こういう場合はこの商品がおすすめ」「この条件ならこちらがおすすめ」といったかたちで、条件やシチュエーションに応じた情報を提供しましょう。該当商品の詳細ページの下部にリンクを設置することで、ユーザーがアクセスしやすくなります。

「③ギフトガイドコンテンツ」は、プレゼント選びに迷っている人に向けたブログ記事です。ブラックフライデーやサイバーマンデー、母の日、父の日、Back to School（※2）、クリスマスといった、海外の記念日でギフトを検討中の人にアプローチできます。

その商品がギフトに適している理由や、人気アイテムのランキングを紹介するほか、予算別の一覧ページといったコンテンツを用意しましょう。こうしたコンテンツが多く閲覧されることで、想像以上の売上につながることも少なくありません。

選び方や使い方の悩みを解決

「④選び方コンテンツ」では、特定の悩みや課題に対応する商品を紹介します。ユーザーの課題や願望と商品を結びつける効果的な手段で、商品詳細ページなどの下部に配置することで、購入を迷っているユーザーを誘導できます。ユーザーがもとのページに戻りやすいように、このブログ記事から該当商品の一覧や商品詳細ページへのリンクも設置してください。

「⑤使い方コンテンツ」では、顧客が商品を正しく使えるようにするための内容を提供します。ブログは商品を購入した人に「買ってよかった」と感じられる情報を提供する場でもあります。顧客の満足度を上げるためには、正しい方法で商品が使われる必要があるため、そのためのコンテンツとして重要です。

筆者が支援した、ノコギリやカンナを販売する角利産業株式会社では、顧客が正しくノコギリを使用できるよう、ノコギリの特徴と活用方法を解説したブログ記事を用意しました〔図表33-1〕。「押して切

※2　Back to School
子どもの新学期にあわせた、学校の用品あるいは
関連商品の特売セールのこと。

る」西洋のノコギリとは異なり「引いて切る」日本のノコギリは、より細かく動きを制御できることなどを解説しています^(※3)。

　こうした使い方コンテンツは、特定カテゴリの商品を購入した顧客に自動的にメールが配信されるように、Shopifyのアプリを利用してフローを設定することをおすすめします。それによってコンテンツの閲覧機会を増やし、商品の満足度向上が期待できるでしょう。（徳田）

使い方コンテンツの例〔図表 **33-1**〕

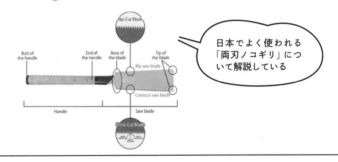

> **まとめ**
> ブログのコンテンツは、ただ書けばよいのではありません。どのような状況の人に読んでもらい、どのような気付きを得てもらいたいか、意図を持って執筆しましょう。

※3　How to Use a Japanese Saw
https://www.kakuritools.com/blogs/learn/how-to-use-a-japanese-saw

34 顧客を行動させるメールの型

ライフサイクルの5つのフェーズでメールを出し分ける

> 顧客は、まだ商品を購入したことのない人から、何度も購入してくれる人、しばらく購入がない人というように、状況に応じて分類できます。その分類に応じて、送信するメールの内容を配信していきます。

初回購入とリピート購入で同じメールを送るのはNG

日本のECサイトと同様に、越境ECにおいてもメールマーケティングは重要です。もちろん、すべての顧客に同じ内容のメールを送信しても意味はありません。筆者は顧客のライフサイクルを以下の5つのフェーズに分けて考えており、これに沿って各フェーズに適した施策を見ていきます〔図表34-1〕。

① リード獲得
② 初回購入
③ リピート購入
④ ロイヤル顧客
⑤ 離脱顧客

顧客のライフサイクル〔図表34-1〕

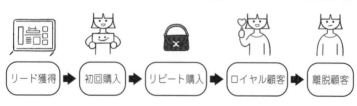

リード獲得フェーズでは購入意欲を高める

「①リード獲得」フェーズでは、商品やブランドを知った顧客に「買いたい」と感じてもらうためのメールを配信します。P.114でも述べたウェルカムメールとカート落ちメールが該当します。

ウェルカムメールは会員登録が完了した顧客に最初に送るメールで、開封率が非常に高く50%以上といわれています。このメールでは、ただ会員登録が完了した旨を伝えるだけでなく、以下のポイントを伝えることで、次回以降のメールの開封率を向上できます。

・ブランドや企業についてのストーリー

・初回購入を促進するためのクーポン

・今後のメールへの期待感を持たせる内容

カート落ちメールは、顧客が商品にカートを入れてから3時間後、24時間後、3日後、1週間後の合計4回送信することを推奨します。世界の平均カート落ち率は約70%といわれているため、サイトへの再訪と購入を促すために必須です。

ウィッシュリストメールや再入荷通知で購入を促す

「②初回購入」フェーズでは、ウィッシュリストメール、再入荷通知メール、レビュー依頼メールの3つを配信します。

ウィッシュリストメールは、越境ECサイトにウィッシュリスト機能が実装されていることが前提となります。ウィッシュリストは検討期間が長くなりやすい高額商品に有効で、顧客が購入を検討している商品を把握できるというメリットもあります。リストに登録したものの購入されない商品がある場合は、このメールで商品の魅力をあらためて伝え、購入を促しましょう。

売り切れ商品の再入荷通知メールは、購入につながりやすい施策です。シーズンごとに定番商品や人気商品を入荷する場合は、必ず設定しておきましょう。レビュー依頼メールは、商品の到着タイミングにあわせて配信します。メールのタイトルも工夫して開封率を

高めましょう。レビュー取得率は6〜10％といわれているため、この数値を基準にPDCAを回していきます。

ロイヤル顧客化にはアンバサダー募集が効果的

「③リピート購入」フェーズでは、アップセル／クロスセルメールや誕生日メールを配信します。顧客によっては購入のパターンがあるので、それにあわせて商品をおすすめしましょう。

アップセル／クロスセルメールは、顧客が検討している商品よりも上位モデルを紹介したり、関連する商品を案内したりすることでリピート購入の機会を作り出せます。誕生日メールは年に一度の特別な機会となるため、特別感を与える工夫を凝らしましょう。

「④ロイヤル顧客」フェーズでは、商品の活用事例メールやアンバサダー募集メールなどを通して、顧客に「買ってよかった」と感じてもらうためのメールを送ります。

商品の活用事例メールは、購入した商品の正しい使い方を伝えるためのものです。一方、アンバサダー募集メールは商品の魅力をユーザーの視点で発信してくれる人を募るために配信します。越境ECで売れている企業は、うまくアンバサダーを巻き込み、彼らのSNSの発信を通じて新規顧客の獲得を行っています。

「⑤離脱顧客」フェーズでは、しばらく購入がない顧客にウィンバックメール[※1]を配信して再購入を促します。これは最後の購入から3〜6カ月後に送ることが多くなっています。(徳田)

まとめ

越境ECの施策の一環として、メールを配信することは重要です。その際、顧客のライフサイクルにあわせたメールを送ることで、購入につなげられます。

※1　ウィンバックメール
過去に購入したことがある顧客に、再度購入してもらえるようにオファーするためのメール。

35

30%以上の開封率を目指せ

メールマーケティングの基準値を理解して成否を判断する

メールは購入意欲を高めるために有効な手法です。そのため、基準値を理解して改善することが重要です。本節では「不達率」「開封率」「クリック率」「反応率」「購読解除率」の5つの基準値を紹介します。

開封率やクリック率の基準値を知る

メールマーケティングは、越境ECにおいて最も効果的な施策の1つです。成功している企業は自社商品に興味を持つ外国人の顧客リストを大量に保有しており、ブラックフライデーなどの需要が高まるタイミングでメールを配信し、売上を大きく伸ばしています。

しかし、多くの企業は自社が売りたい商品を並べただけの内容にしてしまいがちで、メールの開封率が低下してしまうケースが少なくありません。そこで、以下の表にまとめた5つの指標と、目標とする基準値〔図表35-1〕〈※1〉を理解してください。

メールマーケティングの基準値〔図表35-1〕

項目	計算式	目標値
不達率	エラーアドレス÷配信リスト数×100	5%未満 配信リスト除外後の2回目以降は1%未満
開封率	開封数÷配信成功数×100	30%以上
クリック率	クリック数÷配信成功数×100	1.4%以上
反応率	クリック数÷開封数×100	5%以上
購読解除率	購読解除数÷配信成功数×100	0.25%未満

※1　Global Benchmark Report 2025
https://dotdigital.com/global-benchmark-report/

開封率の目標となる基準値は30％以上

　5つの指標は「不達率」「開封率」「クリック率」「反応率」「購読解除率」となり、それぞれの計算式は前ページの表内の通りです。以降、各指標と基準値について解説します。

　不達率は、メールアドレスを取得したものの受け取り拒否をされたり、メールアドレスが誤っていて配信できていなかったりしたメールの割合です。基準値は初回の配信は5％未満、配信不可リストを除外した後の2回目以降は1％未満です。不達率が高い場合は送信不可のリストを除外して配信をしましょう。

　開封率は、配信したメール数に対して開封された割合です。基準値は30％以上となっており、それより低い場合は、ユーザーが興味のないトピックでメールを配信しているか、メールのタイトルが魅力的でない可能性があります。ターゲットと配信内容がマッチしているかを確認しましょう。

　また、開封率はリスト数が増えるにつれ、徐々に下がっていく傾向があります。その場合は、顧客を興味関心ごとに振り分けてメールを配信することで、開封率を維持できます。ほかにも、タイトルを複数用意して開封率を比較するテストもおすすめです。

メールの内容は7秒しか見てもらえない

　クリック率は、配信に成功したメールのうち、本文中のURLがクリックされた割合を示す指標となります。基準値は1.4％以上で、メール本文のファーストビューの見せ方や、CTAボタン（※2）の配置によって変動します。

　一般的にメールは7秒しか見られないといわれており、スクロールなしで見られるファーストビューにCTAを表示することが必須です。モバイルで表示したときにも、きちんとファーストビュー内で遷移先へのCTAボタンが表示されるか確認しましょう。

　反応率はクリック率に似ていますが、配信に成功したメールではなく、ユーザーに開封されたメールのうち、本文中のURLがクリックされた割合を示します。基準値は5％以上です。

※2　CTA
「Call To Action」の略。Webサイトで訪問者を、とってもらいたい行動に誘導することを意味する。Webサイトなどへの遷移を促すボタンをCTAボタンと呼ぶ。

目を引くような過激なタイトルでユーザーを煽ると、開封率は上がるかもしれませんが、本文のコンテンツとギャップがあると、ユーザーはクリックしません。開封率が高くても反応率が低い場合は、タイトルとメールの中身が一致しているか、ファーストビューにCTAボタンが設置されているかを確認してください。

購読解除率の基準値は0.25％未満が目安

購読解除率は、顧客がメールの配信停止を手続きをした割合です。主な原因としては、商品を売り込むだけのセリングメールの大量送信や、ターゲットリストの興味関心とは異なるコンテンツの配信が挙げられます。むやみに売上を伸ばそうと、顧客が興味を持っていない商品のセール情報を繰り返し送信したりすると、購読解除率が高くなる可能性があります。

複数のブランドやカテゴリの商品を扱っている場合は、顧客の興味関心を把握するステップを設け、属性ごとに分類できるようにしましょう。この分類に基づいてメールの内容を出し分け、セール情報だけでなく有益なコンテンツの割合を増やすことで、購読解除率を抑えられます。基準値である0.25％未満を目指しましょう。

日本のメールマーケティングの第一人者である合同会社エスプーマ代表・安藤健作氏は、著書『メールマーケティングの教科書』[※3]にて「メールマーケティングはデマンドを高めるものではなく、デマンドが高まったときに想起してもらうもの」と述べています。各指標の基準値をもとに改善点を見つけることで顧客と良好な関係を保ち、デマンドが高まった際に自社が第一想起される状態を目指しましょう。(徳田)

> **まとめ**
> メールは顧客との良好な関係を築くうえで不可欠です。自社のメールが効果的に配信できているかどうかを判定し、改善の手立てをとりましょう。

※3
『メールマーケティングの教科書 誰でも成果を生み出せるメルマガの定石』(2024年7月、翔泳社) 安藤健作 著
https://www.amazon.co.jp/dp/4798186201/

36

「名前を呼ぶ」は シンプルだけど効く

顧客のパーソナライズを意識して会員登録時の質問を練る

会員登録は、以降の施策に生かせる情報収集のチャンスです。メールアドレスや名前を収集して、メール配信に役立てましょう。ただし、フルネームを聞かない、答えにくい質問をしないなどの配慮も必要です。

英語圏での名前はファーストネームのみが適切

越境ECサイトでは初回訪問で購入することが少ないため、目標を購入ではなく会員登録にすることを推奨しました(P.112を参照)。この登録時にメールアドレスしか収集していないのは、非常にもったいないです。顧客の名前も入力してもらいましょう。

メールの冒頭で「Hi, Yuki.」のように名前を呼びかけるだけで、顧客は自分との関連性を感じ、相手に理解されているように感じます。とてもシンプルですが、これも受け手にあわせてメールをパーソナライズする手段の1つといえます。

ただし、入力してもらうのはファーストネームのみにしましょう。英語圏では名前は重要な個人情報となるため、フルネームを収集しようとすると登録率が下がる可能性があります。

また、誕生日もパーソナライズのために重要な情報です。登録してもらえば、顧客の誕生月に割引クーポンやポイント付与など、特別なオファーを提供できます。加えて、顧客が自社の商品カテゴリのうち何に興味があるのかを回答してもらうとよいでしょう。

会員登録の時点で聞くべき質問かどうかも考慮する

　以下の画面は、名前（ファーストネーム）、メールアドレス、商品カテゴリ（ブランド）の登録を求めている例です〔図表36-1〕。たくさんの質問項目を設定すると、ユーザーが面倒に感じて登録を見送ってしまうため、この程度に留めておくのがよいでしょう。

　これは筆者の失敗談となりますが、過去に会員登録時に「どこでブランドを知りましたか？」という質問をしていました。Web検索、SNS、知人の紹介などを複数選択するのですが、まだ購入していない人に聞いても、あまり有益な情報にはなりません。この質問は、すでに購入してくれた顧客に聞くべきでしょう。顧客の状況にあわせて、どのような項目を収集するかを考えて施策を実行することを心掛けてください。〔徳田〕

会員登録時のポップアップの例〔図表36-1〕

> **まとめ**
>
> 「どうして○○なのですか？」といった顧客を考えさせるような質問は、会員登録の時点では荷が重いです。質問項目は気軽に答えられるものにしましょう。

37

リメールは
48時間以内に

未開封＆離反ユーザーに再びメールを届けて再訪を促す

メールを開封してくれない顧客には、再度メールを送ってください。リメールは最初のメールから48時間以内、かつ時間帯は現地時間の6〜11時、17〜18時に配信することが望ましいです。

1通目とはタイトルを変えて検証してみる

会員登録してくれた顧客にメールを配信しても、一定数は開封しない人がいます。そこで、未開封のユーザーに再び同じメールを送信する「リメール」という施策があります。

BtoCでは、最初のメールを送信してから48時間後にリメールを送ることをおすすめします。特に新商品を案内するメールは、リメールのタイミングが遅いと新鮮さが失われてしまいます。

BtoBでは、筆者が48時間後と30日後でリメールした場合の効果を比較したところ、30日後のほうが開封率が高い結果になりました。セミナーやイベントの告知など、近日中に実施される情報の場合は48時間以内に再送したほうがよいですが、実施時期に左右されない情報であれば、48時間後と30日後の両方をやってみて、反応のよいほうを採用するとよいでしょう。

なお、最初のメールが開封されなかったのは、タイトルが魅力的ではなかったのかもしれません。リメールではタイトルを調整し、どのようにすると開封率が高いのかを検証してみましょう。

メール配信の時間はターゲットにあわせる

　海外向けのメールマーケティングでは、日本と現地の時差を考慮して、ユーザーが開封しやすい時間帯を狙うことも重要です。例えば、日本時間の夜21時にメールを配信する場合、アメリカのニューヨーク市では同日朝7時、カリフォルニア州では同日早朝4時、香港では同日夜20時となります。

　次節でも述べるMAツール「Omnisend」によると、メールの開封、クリック、コンバージョンともに最も安定した成果が出やすいのは、朝6時〜11時と夕方17時〜18時でした。Omnisendでは受信者の国の時間帯にあわせたメール配信が可能です。

　リメールは会員登録時だけでなく、複数のシチュエーションで使用できます。例えば「カート落ちメール」では、1回送るだけなく2回、3回と送信し、本当に興味がないのか、忘れてしまっているのかを確認するようにしましょう。

　「レビュー依頼メール」も、単にタイミングが悪くて見られなかった、初回メール時点では商品を受け取れていなかったといった背景が考えられ、時間をおいて配信することで、レビューを取得できる場合があります。離反顧客向けの「ウィンバックメール」は、目玉商品や大きな割引が発生したときなど、再度購入しようと思ってもらえるオファーができるときに送ってみましょう。

　メールマーケティングとひと言でいっても、自分たちが販売したい商品の情報を一方的に送り続けるだけでは不十分です。どの顧客に何を伝え、どういったアクションをしてもらいたいのかを考え、メールを配信していきましょう。(徳田)

まとめ

　一度、メールが開封されなかったからといって諦めたら、そこで試合終了です。リメールを駆使し、自社越境ECサイトへの再訪問を促していきましょう。

38

Shopify Flowで
メールを自動化せよ

顧客の状況にあわせたメール配信は満足度向上に寄与する

Shopifyの標準機能である「Shopify Flow」を使わないのはもったいないです。在庫管理からメール配信まで、さまざまな業務を自動化できます。特に、顧客にあわせたメールの自動配信がおすすめです。

テンプレートを活用して業務を自動化

Shopifyには、ECサイト運営におけるさまざまな業務を自動化できるマーケティングオートメーションアプリ「Shopify Flow」が標準機能として搭載されています。Flowを活用すると、次のような業務の自動化が可能になります。

- 注文、在庫管理
- 顧客管理
- 不正注文の防止
- フルフィルメント管理

また、以下のようなメールの配信も可能です。それぞれにテンプレートがあり、それを参考にしてFlowを組んでいくことで、簡単に自動化することが可能です。

- 複数回購入した顧客にクーポンを記載したメールを配信
- 会員登録時の興味関心に基づいた内容のメールを配信
- ウィッシュリスト登録商品がセールになったときにメールを配信

Flowは購入者の満足度を上げる目的にも有効

筆者が支援した、日本の伝統的な調理器具を販売する越境ECサイトの事例を紹介しましょう。そのサイトには商品の使い方を紹介したページがあったものの、気付いていない顧客も多く、使い方を解説してほしいというニーズがありました。そこでFlowを活用し、商品が届いたタイミングで、顧客が購入した商品にあわせた活用方法や事例紹介に誘導するメールを配信することにしました。

具体的には、FlowとMAツールの「Omnisend」(※1)をAPIで連携し、特定の商品を購入したら、用意しておいたメールをOmnisendから自動的に送信する設定を行いました〔図表38-1〕。結果、そのメールの開封率は、一般的に開封率が高いとされる会員登録完了通知メールの平均60%を優に超える、80%という数値となったのです。

顧客満足度を上げるいちばんの方法は、その商品の仕様を正しく理解してもらい、活用してもらうことです。ついつい売るためのステップメールを考えがちですが、「購入してよかった」と思ってもらうためのFlow活用も試してみてください。（徳田）

Shopify Flowの設定画面の例〔図表38-1〕

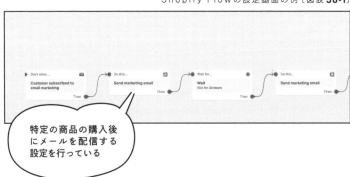

特定の商品の購入後にメールを配信する設定を行っている

> **まとめ**
> Shopify FlowではECサイト運営業務を自動化でき、メール配信もその1つです。顧客の状況にあわせて最適なメールを配信し、満足度の向上につなげましょう。

※1　Omnisend Email Marketing & SMS
https://apps.shopify.com/omnisend

39

レビューは自ら
取りにいけ

Shopifyアプリで効率的に取得してサイトの信頼性を向上

越境ECにおいて、レビューは他の顧客の購入を後押しする重要な要素なので、積極的にレビューを増やす必要があります。依頼メール、回答時のフローといったレビューを促すポイントを見ていきましょう。

レビューの取得率の基準値は6%

　越境ECサイトの運営において、顧客からのレビューを取得することは、成約率や売上を向上させるために欠かせない施策です。一般的に、レビュー取得率の基準値は6%とされていますが、レビュー依頼メールの内容や配信のタイミングを工夫することで、この数値を大幅に改善することが可能です。

　レビュー依頼メールを取り入れたレビュー取得施策で注視すべき指標としては、以下の4つが挙げられます。Shopifyで提供されているレビューアプリを活用しながら、それぞれの数値を活用していきましょう。筆者はレビュー取得施策を工夫することで、最終的にレビュー取得率を14%まで引き上げた実績があります。

- 総購入数
- レビュー依頼メール配信率
- 開封率
- レビュー取得率

購入者には必ずレビューを依頼

　ここからは、レビュー依頼メールの配信からレビューの取得後までに注意すべき点を解説します。

　まずレビュー依頼メールですが、配信数に応じた予算を確保しておいてください。Shopifyに導入できるレビューアプリ「Yotpo」[※1]の場合、ひと月あたりのメール配信数が1,000件までは無料で利用できます。しかし、それ以上を配信するには有料プラン（機能や配信数に応じて料金が異なる）への変更が必要です。

　月の総購入数が1,000件以下の場合でも、レビュー依頼メールを開封しなかった顧客に複数回メールを送信することで、メールの総配信数はすぐに1,000件を超えてしまいます。再配信の件数までを考慮し、目安として月の総購入数が300〜500件を超えてきたら、有料プランへのアップグレードを考えましょう。

届いた翌日に依頼メールを送って開封率を向上

　レビュー依頼メールを配信するタイミングにも注意が必要です。越境ECでは、日本の場合よりも商品が顧客に届くまでに時間がかかり、配送事業者や配送方法（空輸・海運）、配送地域によっても異なります。商品が届く前にレビュー依頼メールが届くと、開封率やレビュー取得率が下がる可能性があります。

　理想的なタイミングは、顧客が商品を受け取った直後にレビュー依頼メールが届くことです。ただし一般的には、商品の到着予定日の翌日にレビュー依頼メールを送ることが効果的だといわれています。また、最初のメールが開封されなかった場合には、開封しなかった顧客を対象にメールを再配信するようにしてください。

A／Bテストで最適なタイトルを検証

　レビュー依頼メールにとってタイトルは非常に重要で、タイトルによって開封率は大きく変わり、レビュー取得率にも影響します。アプリの標準設定のタイトルでは味気ないので、自社の顧客が思わず開封したくなるようなタイトルを考えましょう。

※1　Yotpo（ヨットポ）
https://www.yotpo.jp/

異なるタイトルの開封率を比較するA/Bテストで効果検証をする
のもおすすめです。筆者は、月間100件以上の購入が発生するよう
になったら、その次のタイミングでレビュー依頼メールのタイトル
を変更するA/Bテストを行うようにしています。

　なお、海外製のShopifyレビューアプリを国内向けECサイトで利
用する場合、英語のテンプレートがそのまま適用された状態でレ
ビュー依頼メールが送信される可能性があります。管理画面から配
信内容を確認してみてください。

煩雑なフローはレビュー前の離脱を招く

　続いて、レビューが投稿されやすい状態になっているかもチェッ
クします。レビューを投稿するまでのステップが多いと、ユーザー
は手間を感じ、投稿を諦めてしまう傾向があります。

　筆者が推奨するShopifyのレビューアプリは、前述のYotpoです。
Yotpoの場合、レビュー依頼メールに星評価とコメントを直接入力す
るだけで投稿が完了するため、とても簡単です。

　一方、他のアプリではメールからレビューページに遷移したうえ
で、ログインが必要になる場合もあります。現在使用しているレ
ビューアプリのステップ数を確認し、顧客にとって不便になってい
ないか見直してみましょう。

　なお、レビューアプリによっては、レビュー投稿後に次回の購入
で使える割引クーポンを提供する設定が可能です。特に、リピート
購入が期待できる商品や複数商品を展開している場合、このような
オファーにチャレンジする価値があります。

レビューへの返信は絶対

　最後に、レビューを投稿してくれた顧客には、必ず返信をしま
しょう。商品を気に入ってくれた顧客に対しては、感謝の気持ちを
込めて丁寧に返信してください〔図表39-1〕。返信をもらった顧客はブラ
ンドのファンとなり、他の商品を購入したときに再度レビューを投
稿してくれる可能性が高まります。

中古ブランド品や中古車など、1点ものの商品を扱う場合は、商品のレビューではなく店舗のレビュー（ストアレビュー）を依頼してください。中古ブランド品などの商品詳細ページは販売後に削除されることが多く、そのページにレビューが集まっても、後々活用することはできないためです。

　ストアレビューを集めたら、ウィジェットで常時表示するようにしたり、サイトトップに表示したりすることで、初回訪問者が感じる購入の不安を払拭する効果があります。レビューを取得することで、成約率はもちろん、サイト内にオリジナルコンテンツが増えることによるSEOの効果もあります。海外の顧客からのレビューを集め、サイトに独自のコンテンツを増やしましょう。（徳田）

レビューへの返信例〔図表 39-1〕

★ ★ ★ ★ ★ **Safe landed for amazing denim**

This is the amazing raw denim.Very tough but the manual size are fit to me.Next time I will aware before choosing the size.However the store ever I have buy it because even small stuff but there are friendly and fast response and responsibilities

Store Owner

I'm glad to hear that your item arrived safely! This model is made with very hard denim. It might be uncomfortable to wear at first, but the denim will become softer and easier to move as you wear it. And the process of enjoying that is the charm of this model. I hope it will become your favorite one!

これは素晴らしい生デニムです。とても丈夫ですが、マニュアルサイズは私にピッタリです。次回からはサイズを選ぶ前に気をつけたいと思います。小さなお店ですが、フレンドリーで迅速な対応と責任感があるので、いつもここで買っています。

店主より
商品が安全に到着したとのこと、大変うれしく思います！このモデルは非常に硬いデニムを使用しています。最初は着心地が悪いかもしれませんが、履き込むほどに柔らかくなり、動きやすくなります。そして、その過程を楽しむのがこのモデルの魅力です。気に入っていただけることを願っています！

> **まとめ**
> 購入した顧客からのレビューは、購入を検討している人の背中を押す重要なコンテンツです。商品が届いた翌日にレビュー依頼メールを送り、投稿を促しましょう。

40

顧客の本音は
アンケートで聞く

サンクスページやサイト離脱時にアンケートを実施

顧客に商品を知ってもらい購入につなげるには、顧客のニーズの把握が大切です。顧客のニーズはアンケートで調査しましょう。無料から使えるアンケートアプリ「Zigpoll」をおすすめします。

サイト改善のヒントはアンケートから

越境EC運用者の共通の悩みの種は、「どのようにしたら商品の特徴を海外の顧客に理解してもらえるのか？」という点です。その悩みを解決し、顧客のニーズを調査するために、アンケートを活用していきましょう。アンケートは、購入完了後に表示されるサンクスページやサイト離脱時などで実施することをおすすめします。

購入完了後のアンケートでは、ブランド認知のポイントや商品を購入した目的、購入体験に関する評価などを調査することで、今後のプロモーション施策の改善に生かすことができます。

サイト離脱のタイミングでは、ユーザーがサイトを離脱する理由を調査します。離脱理由は欲しい商品の在庫がない、価格が高い、ギフト用に購入できない、ECサイトが使いにくいなど、さまざまです。ユーザーの離脱要因を調査して、サイト改善に役立てましょう。

アンケートにはアンケート収集アプリを利用しましょう。筆者はShopifyなどのプラットフォームにワンクリックでインストールでき、かつ無料から使える「Zigpoll」[※1]をおすすめしています。

※1　Zigpoll Customer Surveys
https://apps.shopify.com/zigpoll

越境ECにおすすめのアンケートアプリ「Zigpoll」

　Zigpollは、Webサイト上で簡単にアンケートを作成し、顧客満足度の向上や新商品の開発、広告キャンペーンの効果測定など、多岐にわたる活用が可能です。多言語にも対応しているため、越境ECサイトにマッチしたツールとなっています。

　また、サンクスページに複数のアンケートをポップアップで掲載したり、サイト回遊中や離脱時にアンケートを表示したりできます。以下は、サンクスページでアンケートを提示している画面です〔図表40-1〕。「当店を知ったきっかけ」などを質問することで、顧客への理解が深まります。筆者は過去にクリスマスギフトのアイデアをユーザーから募り、ユーザーの意見をもとに商品開発を行った事例もあります。

　さらに、アンケートをクイズとして利用し、商品やブランドの理解を深めることもできます。例えば、サイトを回遊するユーザーにポップアップ形式で「商品の特徴は4つのうちどれでしょうか？」「ブランドが大切する価値は何でしょうか？」「商品が○○という特徴を持つことはサイト上に記載されていましたか？」といったクイズを表示することで、商品やブランドについて理解を深め、納得した状態で購入してもらえる可能性が高まります。（徳田）

サンクスページでのアンケートの例〔図表40-1〕

> **まとめ**
> 越境ECにおいて顧客へのアンケートは、ニーズや期待を把握するための重要な手段です。Zigpollは簡単に利用でき、フィードバックを得るために活用できます。

41

海外SEOはすぐに結果は出ない

検索広告でターゲットキーワードを見極めるのが先

海外SEOの効果を感じられるのは、早くても3カ月後です。そのため、まずは検索広告で上位表示できることを優先しましょう。検索広告でキーワードを見つけ、それを海外SEOで実施していく流れが理想です。

最初は検索連動型広告でキーワードを探す

越境ECサイトに集客する手段には、海外向けSEOや運用型のネット広告など、さまざまなものがあります。1つの施策を実施するよりも、それぞれの特性や役割を理解して組み合わせていくことで、成果を最大化できます。

筆者はよく「海外SEOで越境ECサイトへの流入を増やし、売上を伸ばしたい」と相談されることがあります。確かに、海外SEOは流入を安定的に獲得できる効果的な施策ですが、初期フェーズでは海外SEOに頼りきるのはおすすめしません。なぜなら、SEOは結果が出るまでにおよそ3カ月から半年ほどかかるからです。

一方、これから広告配信を行う場合は、最初に検索連動型広告（検索広告）で「売れるキーワード」を見つけ、そのキーワードで上位表示されるようにサイトを最適化するのが理想的なアプローチです。海外SEOや検索広告は、ユーザーが特定のキーワードを検索している場合に効果を発揮します。ニーズが顕在化していない場合は、SNS広告の配信を優先してください。

広告はすぐに結果が出るが、それだけに注力は危険

海外SEOは、おおまかに次のステップで実施していきます。

①SEO施策をサイトに実装する

②検索エンジンにURLが検出される

③検索エンジンのクローラーがサイトを巡回する

④検索エンジンにインデックスされ、検索結果に表示される

⑤アクセス（自然検索流入）を獲得する

ただし、越境ECサイトを立ち上げたばかりの段階ではドメインパワー（※1）が弱いため、①を実施しても、すぐには②〜④に進みません。売上に貢献したかを検証できるのは、⑤のアクセスが安定してくる3カ月後以降になります。

一方、検索広告の場合は初期設計を行って広告文を入稿すれば、その日のうちに検索結果に表示され、ターゲットキーワード経由の流入を獲得できます。そのため、現状のページのパフォーマンスを把握するには、まずターゲットキーワードで検索広告を試験的に配信してください。その後、成果が上がるキーワードで海外SEOを実施することで、効率的に売上を伸ばせます。

海外SEOは、一度効果が出始めると長期間にわたってその効果を維持できるのが強みです。キーワードの順位を定期的に確認し、必要に応じてチューニングを行うことで、安定した流入を得られます。一方で、検索広告は広告予算が無くなると表示されなくなるため、継続的にコストがかかります。

中には広告予算を継続的に確保し、検索広告のみに集中するという企業もありますが、海外SEOやコンテンツ施策にも取り組んでおかないと、競合の増加によるCPCの高騰により、同じ予算で獲得できるクリック数が減少するリスクがあります。そのため、予算の一部を海外SEOやコンテンツ施策にあて、一定の自然検索流入を得られるようにしましょう。

※1 ドメインパワー
サイト全体が持つ検索エンジンからの信頼度や影響力を示す指標。Googleが公式に明示している数値ではないが、SEOにおいて広く用いられている。

ニーズが顕在化していない商品はSNS広告を実施

　もし、海外の顧客が自社の商品名やブランド名、または、商品に関連する悩み系キーワードで検索していない場合、海外SEOや検索広告で流入を獲得するのは難しいでしょう。まだニーズが明確でない潜在層をターゲットにする場合、特定のオーディエンスに直接リーチできるSNS広告が効果的です。

　自社が掲げる売上目標を達成するためには、海外SEOやキーワード広告だけで十分なのか、あるいはSNSを活用したさらなる集客が必要なのかを見極めることが重要です。

集客施策の実施は受け皿を整えてから

　GoogleやMetaなどで広告を配信する際は、受け皿となる自社越境ECサイトをきちんと整えてからにしましょう。最低限、以下の4つを提供できるようになってから集客することを推奨します。

- 階段設計
- 商品詳細ページの充実（多言語対応、レビューの掲載）
- 選び方コンテンツの作成
- About Usページの充実

　これらのコンテンツを充実させることで、ロングテールのキーワードでSEO経由の流入を獲得できるようになるほか、成約率の向上につながります。（徳田）

> **まとめ**
> 売上目標を達成するためには、どの集客チャネルを活用すべきかを総合的に判断し、それぞれのチャネルの特性を生かした施策を実行しましょう。

※参考：著者によるYouTube動画
海外SEOと運用型広告を組み合わせて成果を最大化
https://www.youtube.com/watch?v=_kwlzP_75Bo

42

海外SEOに備える3つの要諦

ブランド名、ドメイン取得、多言語タグの基本を理解する

越境ECサイトでは、海外ユーザーからの検索流入を得ることが大切です。「海外展開用のブランド名」「ドメインの取得」「多言語アノテーションタグ」の3つの柱に沿って、海外SEOの準備を行います。

3つのポイントで多言語SEOを成功させる

自社越境ECサイトを成功に導くには、安定的に検索エンジン経由で流入を獲得していく必要があります。しかし、それには越境ECサイトでのブランド名や、海外の検索エンジンに認識されやすいドメインの取得とサイトの構築、言語判別用のタグ実装など、最低限知っておきたいポイントが大きく分けて3つあります。

自社サイトを多言語で展開しながら自然検索流入を獲得するには、次に挙げる3点に従って準備を進めてください。

①海外展開用のブランド名の決定

②ドメインの取得と多言語サイトの開設

　・検索エンジンに認識（インデックス）されやすいか？

　・日本語サイトのドメインパワーを引き継げるか？

　・在庫情報や顧客情報の連携はできるか？

　・アクセス解析は個別に行えるか？

③多言語アノテーションのタグ実装

3

自社越境ECサイト

まずは海外展開用のブランド名を決定

まず「①海外展開用のブランド名の決定」についてですが、自社の日本国内でのブランド名にあわせたドメインを取得する場合、対象言語のネイティブが、そのブランド名を表す言葉にどのような印象を持つのかを確認してください。

例えば「株式会社インプレス」の「Impress」は、直訳すると「感銘を与える」「印象づける」といった意味になりますが、ネイティブの人々がどのような印象を抱くのかは、あらためて調査する必要があります。自社の意図とは異なる印象になる場合、海外展開時には別のブランド名を設定することも検討します。

また、すでに存在している海外の著名ブランドと名称が同じだと、検索エンジンで上位表示されにくくなります。ブランド名の指名検索によるサイトへの流入が得られなくなるので、事前にその国の検索結果を確認してみてください。

海外向けのブランド名が決まったら、「②ドメインの取得と多言語サイトの開設」に進みます。すでにShopifyなどの多言語に対応したサイトを日本語で展開している場合は、新規ドメインを展開せずに、既存の日本語サイトのドメインのサブディレクトリ（例：example.com/en）や、サブドメイン（例：en.example.com）で展開してもよいでしょう。

この段階で検討すべき項目を下表にまとめます〔図表**42-1**〕。それぞれの項目について、以降で詳しく見ていきましょう。

サブディレクトリではドメインパワーの恩恵を得られる

多言語サイトにおけるドメインの取得方法には、新規ドメインを取得する、日本語サイトのサブディレクトリにする、サブドメインに

多言語展開における検討ポイント〔図表**42-1**〕

項目	インデックス	ドメインパワー	在庫連携	顧客情報	アクセス解析
新規ドメイン	○	△	△	別	○
サブディレクトリ	○	○	○	共通	○
サブドメイン	○	△	○	共通	△
同一URL	×	×	○	共通	×

する、日本のECサイトと同一URLにする、という4つの選択肢があります。前ページの表はそれぞれの方法ごとに、インデックスや在庫連携の適不適などの違いを示した内容になっています。

前ページの表の見出しにある「インデックス」とは、検索エンジンにWebページが登録されることを指します。同一URLで日本語と英語などを切り替えるサイトの場合、検索エンジン経由での流入を獲得しづらくなるため、筆者としてはおすすめしていません。

次の「ドメインパワー」は、日本語サイトのドメインパワーを引き継ぐか否かです。サブディレクトリで展開する場合、同一ドメイン内の一部として扱われるため、ドメインパワーの影響を受けやすくなります。サブドメインは別ドメインとして扱われる可能性がありますが、適切な内部リンク構造やサイト管理を行えば、日本語サイトのドメインパワーの一部を引き継げます。

一方、新規ドメインは完全に独立したドメインとみなされるため、ドメインパワーはゼロからのスタートとなります。同一URLの場合は、そもそも海外の検索エンジンにインデックスされていないので、ドメインパワーも引き継がれません。

在庫情報と顧客情報は連携すべき

次は「在庫連携」です。多言語サイトを新規ドメインで展開する場合は、日本語サイトと別ドメインになり、Shopifyも別アカウントになるため、在庫情報は連携されません。中古品などの1点ものを取り扱っており、日本語サイトとの在庫連携が必要な場合は、在庫管理システムを活用する必要があります。

続いて「顧客情報」については、日本語サイトと多言語サイトで分けて管理することにより、それぞれの顧客に対して有益なコンテンツを出し分けることができます。

サブディレクトリで展開する場合、基本的にはShopify Marketsを活用するか、多言語アプリを使用して多言語ページを生成することになります。よって、日本語と同一のアカウントで顧客や在庫データを管理することができます。

ECカートやCMSによっては、日本語サイトと同一URLで展開する
サイトもあります。この場合は購入が発生すると、日本語サイトと
同一の在庫情報と顧客情報で表示・管理されます。

GA4では個別のアクセス解析が可能

最後の「アクセス解析」ですが、代表的なアクセス解析ツールである Google アナリティクス4 (GA4) のデータは、プロパティを分ければサブドメイン、サブディレクトリともに情報を分けて取得できます。よって、個別にアクセス解析を行うことが可能です。

Google Search Consoleのデータについては、サブディレクトリの場合、言語ごとにプロパティを作成することでそれぞれのデータを取得できます。ただし、ルートドメインで取得しているプロパティのデータの中に日本語サイトと多言語サイトの両方のデータが含まれることになり、少しだけ分析がしづらくなります。

ここまでに述べたことを踏まえると、日本語サイトを起点にして多言語サイトを展開したい場合は、日本語サイトの「サブドメインで展開」するのがベストプラクティスといえるでしょう。ただし、日本語サイトのドメインがとても強い場合は「サブディレクトリで展開」し、そこに多言語コンテンツを格納したほうがSEO上で有利なケースもあります。

一方、多言語サイトを独立して管理したい場合は、日本語サイトとは別の「独自ドメインで展開」することをおすすめします。

多言語アノテーションのタグ実装は必須

多言語サイトの展開時に忘れてはならないのが「③多言語アノテーションのタグ実装」です。多言語アノテーションとは、複数の言語用にページを分けて構成されているWebサイトの構造を、Googleに認識させるためのタグのことです。

サイトへの実装方法としては、次ページのようなタグをサイト内の<head>セクション内に記述する方法と、XMLサイトマップ(※1)に追記する方法があります。基本的には、<link>要素のhref属性に各

※1 XMLサイトマップ
検索エンジンに対して、ページのURLなどの
Webサイトの情報を知らせるXML形式のファイルのこと。

※2 ISO_639
https://ja.wikipedia.org/wiki/ISO_639-1
コード一覧

ページのURL、hreflang属性にそのページが対応している言語をISO 639[※2]言語コードで指定すれば実装可能で、いずれの言語のページにも共通の内容が出力されるようにしてください[図表42-2]。

多言語アノテーションのタグを実装するときには、注意点が3つあります。1つ目はトップページと下層ページのhref属性に、同じ内容を指定してはいけません。必ずページごとの対応関係に従って、下層ページではhref属性に個別の値を記述してください。

2つ目は、英語やスペイン語のように複数の国で使われている言語のページが、さらに国別に分かれているケースです。この場合はhreflang属性に「-」(ハイフン)を付けてISO 3166-1[※3]形式の国別コードを指定します[※4]。

3つ目は、IPアドレスなどに対応して自動的にリダイレクトするURLを採用している場合です。この場合はhreflangに「x-default」という属性値を指定します。最低限、この3点を理解したうえでサイト構築を進めてください。(徳田)

言語別の多言語アノテーションタグの例〔図表42-2〕

(日本語の指定)
```
<link rel="alternate" href="http://example.com/" hreflang="ja">
```
(英語(アメリカ)の指定)
```
<link rel="alternate" href="http://example.com/america/" hreflang="en-us">
```
(英語(イギリス)の指定)
```
<link rel="alternate" href="http://example.com/united-kingdom/" hreflang="en-gb">
```
(英語(カナダ)の指定)
```
<link rel="alternate" href="http://example.com/canada/" hreflang="en-ca">
```
(フランス語の指定)
```
<link rel="alternate" href="http://example.com/france/" hreflang="fr">
```
(モンゴル語の指定)
```
<link rel="alternate" href="http://example.com/mongolia/" hreflang="mn">
```

> **まとめ**
> 海外SEOの基本を押さえずにサイトを構築すると、ネガティブな影響を受けることがあります。技術的な内容も含むので、サイト制作業者などとも相談してください。

※3 ISO 3166-1
https://ja.wikipedia.org/wiki/ISO_3166-1

※4 多地域、多言語のサイトの管理 | Google
https://developers.google.com/search/docs/specialty/international/managing-multi-regional-sites

43
キーワードを選定する2つの軸

売上貢献とアクセス貢献で分類して優先順位を決める

> 海外SEOにおけるキーワード選定のポイントを見ていきましょう。キーワードは売上貢献とアクセス貢献で分け、商品とキーワードの相性を見ます。そのうえで、売上に貢献するキーワードから対策します。

ニーズがあり、売上に貢献するキーワードを選ぶ

海外向けにビジネスを展開する場合、「その商品がターゲット国で売れるか？」という視点が重要です。法的な問題や配送料、ニーズの有無など、日本では売れていても海外で販売が難しいことがあります。配送料の高い家具や、特定の国でFDA認証^(※1)が必要なサプリメント、食品などは特に注意が必要です。

海外SEOでは、海外の顧客のニーズにマッチして、かつ売上に貢献するキーワードで対策しなければなりません。次ページの海外キーワード戦略のマトリクスを見てください〔図表**43-1**〕。これはキーワードを売上貢献（縦軸）とアクセス（横軸）の4象限で分類したもので、次の4つのタイプに分類できます。

①売上貢献〇、アクセス貢献〇

②売上貢献〇、アクセス貢献△

③売上貢献△、アクセス貢献△

④売上貢献△、アクセス貢献〇

※1　FDA認証
「FDA」は「Food and Drug Administration」の略で、アメリカ食品医薬品局のこと。FDA認証を受けることで、日米両国における薬機法や食品衛生法に違反していないことを証明できる。

海外キーワード戦略のマトリクス〔図表**43-1**〕

より早く売上に貢献するキーワード群から取り組む

　4タイプのうち、対策の優先順位は①→②→④となりますが、①のキーワード群の難易度が自社のドメインパワーに対して高く、上位表示に時間を要する場合は②→①→④となります。③は積極的に対策する必要はありません。

　仮に難易度が高くても、①から取り組んだほうがよさそうですが、①は競合も同様のキーワードで対策している可能性が高いです。よって、アクセス貢献は少なくても、売上貢献度の高いキーワード群である②から対策することをおすすめします。

　キーワードの難易度については、P.45でも紹介した有料SEOツールのAhrefsを利用すると、キーワードごとの「KD」(Keyword Difficulty) という指標を確認できます〔図表**43-2**〕。自社サイトのURLを入力して、100位以内に掲載されているキーワードの掲載順位とKDを計測してください。

キーワードと商品の関連性を把握

　Ahrefsの利用が難しい場合は、Google Search Consoleの「検索パフォーマンス」から「検索結果」を表示し、クリック数や表示回数、

平均掲載順位が付いているキーワードを確認します。また、Googleのキーワードプランナーでも、CPCや競合性のデータからキーワードの難易度を推測できます。

各ツールでキーワードを調査したら、対策したいキーワードが海外で売れる商品と関連しているかを確認します。その商品が販売に関する法規制をクリアしていることは大前提として、現地の顧客ニーズを満たしていること、海外の顧客が日本から購入する明確な優位性を持っていることを確認します。

すでに越境ECサイトで購入が発生しているのであれば、売れている商品を表すキーワードが売上貢献可能性の高いキーワードになります。①、②、④のキーワードに対してGoogleの検索広告を配信してテストすることで、実際の売上貢献度を把握できます。

そして、テストの結果、そのキーワードから流入しているユーザーの成約率が基準値を1%を超え、売上につながっていれば、全力で海外SEOに投資するべきキーワードだと断言できます。〔徳田〕

Ahrefsの指標「KD」〔図表**43-2**〕

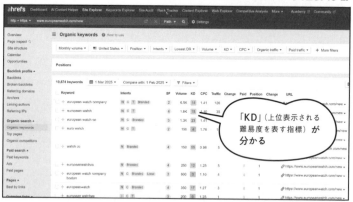

> **まとめ**
> SEOや広告に投資する価値があるのは、売上に貢献するキーワードです。本節を念頭に置きながら海外で売れるキーワードを見つけ、対策をしていきましょう。

44
多言語SEOの罠に落ちるな

必要以上に言語を増やすとドメイン全体に悪影響を及ぼす

> 越境ECサイトの多言語対応は慎重に行っていきましょう。インデックス未登録になり、Googleの検索結果に表示されなくなってしまうことがあるためです。その状況を防ぐためにはどうしたらよいのでしょうか？

無策で対応言語を増やすのは危険

越境ECサイトの言語を、英語からさらに多言語展開しようとする場合は、慎重に取り組んでください。むやみに増やすとGoogleのクローラーがページを読み取らない、読み取ったがインデックスされないといった問題が発生するからです。

Google Search Consoleで「クロール済みインデックス未登録」というステータスが表示される場合、そのコンテンツは検索エンジンにクロールされたものの、データベースにはインデックスされていない状態で、検索結果にも表示されません〔図表44-1〕。この問題を放置すると、対象の多言語ページが検索エンジンに評価されないばかりか、日本語サイトを含むドメイン全体のSEO評価にも悪影響を及ぼす可能性があります。

このような問題を防ぐ最善の方法は、必要以上に多言語展開をしないことです。多言語展開する場合は、Shopify Marketsの機能を用いて、言語ごとにレイアウトやコンテンツを設定し、できるだけページのユニーク性を確保しましょう。

Googleのクロールの頻度と量は有限

　Googleが割り当てるクロールの頻度と量は、サイトの規模感やドメインの強さによって設定されているといわれており、これを「クロールバジェット」と呼びます。

　公開して間もない英語サイトや、ページ数が膨大なサイトの場合、サイトのコンテンツ数（URL数）がクロールバジェットを上回ってしまい、インデックスされないページが発生することがあります。また、サイト内のコンテンツの多くが重複していたり、コンテンツ量が薄いページの割合が多いと、Googleから「低品質なコンテンツの多いサイト」とみなされ、ドメイン全体の評価を落としかねません。

　Google Search Consoleにアクセスし、インデックス登録のステータスを確認してみましょう。インデックスに登録されているページ（緑）と未登録のページ（グレー）の割合を比較でき、レポートの下部では未登録の理由を確認できます〔図表**44-2**〕。

Google Search Consoleの画面①〔図表**44-1**〕

Google Search Consoleの画面②〔図表**44-2**〕

インデックス未登録になりやすいサイトの特徴

　Shopifyでは、日本語サイトをベースにして多言語翻訳を生成するアプリやMarkets機能を活用できます。ただし、多言語アノテーションのタグを設置しても、ページ構成が類似している場合や、画像ばかりで情報量が少ないページは、クロール済みインデックス未登録の対象となりやすいため注意が必要です。これはShopifyに限った問題ではなく、どのカートでも多言語サイトを展開する際に起こりうる問題です。

　筆者が相談を受けた事例では、日本語と英語はきちんとクロール、およびインデックス登録されているものの、フランス語やドイツ語はクロール済みインデックス未登録になるといったケースが多く見られます。

　検索流入の増加だけを多言語展開の目的にせず、「ユーザーにとって有益な情報を発信できているか？」「読み手をリスペクトした正しい表現になっているか？」といった点を心掛ける必要があります。

　なお、多言語ページはメイン言語ページに比べ、クローラーが巡回しにくい傾向があります。このため、コーポレートサイトにECサイトの各言語ページへのリンクを設置し、自社サイト内でクローラーの巡回を促す施策が効果的です。（徳田）

検索流入を増やしたいから多言語に対応させるっていう考えは危険だね！

> **まとめ**
> 不要な言語まで展開すると、Googleから低評価を受ける要因となります。必要な言語に絞って、商品が見やすい構成でサイトを構築してください。

※参考：著者によるYouTube動画
海外SEOの罠 Shopifyで多言語アプリを活用したサイトは要注意！
https://www.youtube.com/watch?v=_c53k_v9uBg

45

現地競合サイトの調査を徹底せよ

自社が勝てるキーワードとコンテンツの指針を得る

海外で商品を売る際、現地の競合企業と戦い、選ばれなければなりません。そのためには、競合調査が必要不可欠です。上位表示されているサイトを調べたり、ローカルSEOを確認したりしましょう。

バリュープロポジションからターゲット国を設定

海外SEOでは、ターゲット地域にあわせたキーワードの選定とコンテンツの戦略設計が欠かせません。ひと口に海外向けといっても、国ごとに文化や価値観、ユーザー行動が異なるため、マーケティング戦略もそれにあわせて調整する必要があります。

例えば、英語圏といってもアメリカ、イギリス、オーストラリアでは、言語の使い方や価値観が異なります。自社商品に最も適した国や地域を選定するためには、売上実績に頼るだけでなく、自社にしかない独自の価値である「バリュープロポジション」を明確にするところから始めてみましょう〔図表45-1〕。

バリュープロポジションをもとにターゲット地域が絞り込めたら、次はその国や地域のユーザーニーズにあわせて、ペルソナやカスタマージャーニーマップを作成します。もし、みなさんが日本の伝統工芸品を扱っている場合、日本人が持つ共通認識を前提としてはいけません。現地の人々が商品をどのように理解し、購入に至るかを考慮する必要があります。

包丁を例に取れば、日本製の包丁が職人の技術や伝統に基づいて作られていること、どのような料理に適しているかなど、詳細なストーリーテリングが効果的です〔図表**45-2**〕。ターゲットの理解度に応じて情報の粒度を調整し、どのようなコンテンツがあれば購入意欲を高められるかを設計しましょう。

バリュープロポジション〔図表**45-1**〕

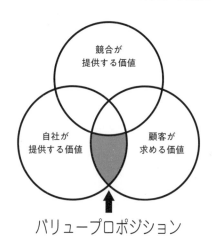

包丁のカスタマージャーニーマップ〔図表**45-2**〕

フェーズ	必要性の認識	商品の多さに面喰う	情報収集	比較検討	購入	使用
背景・感情・課題	包丁が欲しい	どの包丁がよいか分からない	欲しい包丁の特徴が分かった	買いたいものがほぼ決まった	適切なストアの選択	実際に使用してみる
態度変容	包丁について調べ始める	商品の比較材料を探す	具体的な要件で調べ始める	ECサイトやSNSなどの閲覧	信頼できる会社かの調査	切れ味のよさを実感
検索行動			・レビュー ・Reddit ・Instagram	・ECサイト ・YouTube ・メルマガ	Policyやレビューの確認	
コンテンツアイデア		シェフ目線での特徴や用途	包丁の比較記事	レビューやブランドストーリー		使い方やメンテナンス方法

現地競合サイトを分析して上位表示への指針を得る

　海外SEOにおいて、競合調査は非常に重要です。この調査を行うことで、ターゲット市場における成功要因や最適な戦略を把握し、自社サイトがより効果的に上位表示を狙うための指針を得られます。具体的には、以下の4つのステップで調査を進めてください。

①ターゲット国で上位表示を獲得しているサイトを確認

②そのサイトのコンテンツタイプを確認

③現地の企業が独占していないことを確認

④ローカルSEOや現地特有の要素を確認

　まず①ですが、ターゲット国のGoogleなどの検索エンジンで、みなさんのビジネスに関連する主要なキーワードを検索し、どのサイトが上位に表示されているかを確認します。

　続いて②で、上位表示されているページのコンテンツのタイプを分析します。例えば、記事なのか、特定カテゴリの商品一覧なのか、それとも商品詳細ページなのか、といった分類をしていきます。

　そして③で、現地の企業が市場を独占していないか、あるいは競合の知名度が圧倒的でないかを確認します。特にドメインパワーやブランドオーソリティの面で競合サイトと大きな差がある場合は、SEO戦略の見直しが必要です。

　最後に④で、ローカルSEOや現地特有の要素を確認します。ターゲット国によっては、ローカルSEOや国ごとの文化、言語に応じた検索結果が重要です。地名や言語の微妙な違いなどを含めて、競合がどのように対応しているかも確認しましょう。

コンテンツには刺さるパートを必ず設ける

　ターゲット国の読者に響くコンテンツを作るには、現地の具体的な状況やニーズを反映させることが不可欠です。

　筆者が過去に手掛けた、日本の中古車をアフリカ市場向けに紹介するブログを執筆するときの事例では、現地の路面状況や道幅など

の情報を現地のライターから収集したり、Googleマップで調査を行ったりしました。こうした情報を踏まえ、ユーザーの目線で内容を充実させることが重要です。

また、自動車の部品が低価格で流通しているかどうかも調査し、故障時の修理コストへの懸念を軽減できる内容も含めました。ターゲット国の関心を引く要素をしっかりと網羅することで、現地の読者にとって有益で魅力的なコンテンツを提供できます。

コンテンツは記事だけでなくマルチチャネルで勝負

海外向けSEOでは、マルチチャネルでの展開が効果的です。北米ではTikTokやInstagram、YouTubeなどのプラットフォームが人気で、視覚的かつ短時間に理解できるコンテンツが好まれます。ブログ記事だけでなく動画やUGCといった多様なコンテンツ形式を組み合わせて、ユーザーが異なるチャネル間を行き来できるようにします。

熱狂的なファンを持つニッチな商品では、Redditのようなプラットフォームが情報収集に役立ちます。Redditで特定の商品に関する質問が多く投稿されている場合、その商品に関する信頼できる情報源が不足していると考えられます。つまり、公式な情報が少ないからこそ、ユーザーはRedditで質問をしているのです。

こうしたケースでは、質問内容からターゲットが知りたい情報を特定し、ブログや動画で解説すれば新規ユーザーの興味を引きつけ、SEO上も効果的なコンテンツを作れます。岡山デニムの事例では、UGCを参考にしたFAQを公式サイトに掲載してファンが求める情報を提供し、ブランド価値を高めました。(徳田)

> 海外SEOでは、現地での競合調査を綿密に行い、自社が取るべき施策を決めましょう。また、ユーザーの投稿からニーズや悩みを発見してコンテンツを作成します。

46
成約率の向上に
GA4は不可欠

ユーザーの行動を把握してコンテンツの改善につなげる

> 自社越境ECサイトを展開しているなら、GA4での分析は必須です。ユーザーがどのページで購入を決めたのかを把握することで、サイト改善に役立ちます。探索レポートごとに、4つの活用法を紹介します。

アクセス解析は基本中の基本

ユーザーがどこから自社越境ECサイトを訪れ、どのページを見て購入に至るのかを把握できていますか？ オンラインのユーザー行動を分析することは、成約率を向上させるための基本となるステップです。特にECサイトでは、ユーザーが商品を検索し、購入に至るまでの過程を把握することが非常に重要で、それによって商品の見せ方やカートへの導線を最適化する施策を考案できます。

アクセス解析ツールとしては、業界標準であり無料で利用できるGoogleアナリティクス4 (GA4) を推奨します。GA4はユーザー行動を詳細に分析し、サイト改善に役立つ強力なツールです。

中でも「探索レポート」(データ探索) は高度なカスタマイズ分析を可能にする機能で、ユーザーが購入に至る経路や離脱の多いページなどを分析できます。探索レポートにはいくつかのテンプレートがありますが、筆者は「自由形式」「経路データ探索」「ファネルデータ探索」の3つを使うことが多くなっています〔図表46-1〕。それぞれの活用例を見ていきましょう。

※1 データストリーム
GA4において、Webサイトやアプリからデータを収集するときの情報源を指す。プロパティ内に作成する。

※2 拡張計測機能
GA4のタグを設置することで、サイト内のイベントを自動で計測できる機能。収集できるイベントはページビュー、スクロール(90%)、離脱クリック、サイト内検索、動画エンゲージメント、ファイルのダウンロード、フォームの操作の7つ。

探索レポートのテンプレート〔図表 **46-1**〕

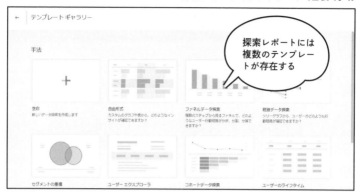

PVやカート投入などのイベントが取得できているかを確認

　探索レポートを作成する前に、GA4で越境ECサイトのデータを正しく収集できていることを確認してください。GA4の［管理］メニューでデータストリーム⟨※1⟩を作成してタグを取得し、Googleタグマネージャーなどを利用してサイトに導入します。また、拡張計測機能⟨※2⟩を有効にし、ページビューなどの基本となるイベントを計測できるようにしておきます〔図表**46-2**〕。

　加えて、カートへの追加や購入など、オンライン販売向けの推奨イベント⟨※3⟩を計測できるようにします〔図表**46-3**〕。これによって購入に至るまでのフローを追跡できるようになります。

　通常、これらのeコマース関連のイベントを計測するには、ECサイトのソースコードへのタグの実装が必要になりますが、Shopifyで構築している場合は「Google & YouTube」アプリ⟨※4⟩を導入してGA4と連携することで、イベントを自動的に計測できます。

GA4の基本イベント〔図表 **46-2**〕

イベント	トリガーのタイミング
click	ユーザーが現在のドメインから離脱するリンクをクリックしたとき
file_download	ユーザーがファイルをダウンロードするリンクをクリックしたとき
page_view	ページが読み込まれたとき
scroll	ページの最下部（90%の深さ）までスクロールしたとき

※3　推奨イベント
Webサイトの種類や用途にあわせて、Googleが計測を推奨するイベントのこと。

※4　Google & YouTube
https://apps.shopify.com/google

GA4の推奨イベント（オンライン販売向け）〔図表**46-3**〕

イベント	トリガーのタイミング
add_payment_info	ユーザーが購入手続きで支払い情報を送信したとき
add_shipping_info	ユーザーが購入手続きで配送情報を送信したとき
add_to_cart	ユーザーがショッピングカートに商品を追加したとき
add_to_wishlist	ユーザーがウィッシュリストに商品を追加したとき
begin_checkout	ユーザーが購入手続きを開始したとき
purchase	ユーザーが購入手続きを完了したとき
refund	ユーザーが払い戻しを受け取ったとき
remove_from_cart	ユーザーがショッピングカートから商品を削除したとき
select_item	ユーザーが商品やサービスのリストから商品を選択したとき
select_promotion	ユーザーがプロモーションを選択したとき
view_cart	ユーザーがショッピングカートを表示したとき
view_item	ユーザーが商品を閲覧したとき
view_item_list	ユーザーが商品やサービスのリストを表示したとき
view_promotion	ユーザーがWebサイトまたはアプリでプロモーションを表示したとき

特定のページのパフォーマンスや遷移先を分析

　探索レポートのテンプレートごとに、4つの活用例を紹介します。

　1つ目は「自由形式」です。これは高いカスタマイズ性を持つテンプレートで、ディメンション（※5）と指標を自由に組み合わせて分析を行います。次ページの上の画面は特定のページへの流入元を分析しているレポートで、そのページがどの地域、かつどのデバイスからアクセスを獲得しているかが分かります〔図表**46-4**〕。

　2つ目は「経路データ探索」です。このテンプレートでは、ユーザーがサイト内をどのように移動したかを視覚的に表現するレポートを作成できます。次ページの中央の画面は、特定のページを始点として、セッションを開始してからページの閲覧に至ったユーザー数を明らかにしています〔図表**46-5**〕。

　3つ目は「ファネルデータ探索」です。このテンプレートでは、ユーザーがコンバージョンに至るまでのステップを視覚化できます。次ページの下の画面は、初回訪問から購入までのユーザー数の変化を表現しています〔図表**46-6**〕。

※5　ディメンション
GA4における分析の軸のこと。例えば「デフォルトチャネルグループ」というディメンションでは、Organic Search（自然検索）、Direct（ブックマークなどから直接）、Email（メール）といった自社サイトへの流入経路ごとに指標を分析できる。

自由形式レポートの例〔図表 **46-4**〕

経路データ探索レポートの例〔図表 **46-5**〕

ファネルデータ探索レポートの例〔図表 **46-6**〕

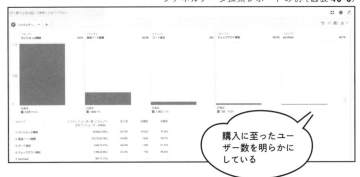

　ファネルデータを見ることで、どこでユーザーが離脱したかを確認できます。ステップ3→5にかけて離脱しているユーザーの割合が多ければ、カートに入れた後の送料や決済手段などに改善点があると考えられます。

ブログ記事からの商品詳細ページへの送客力を分析

4つ目として、自由形式レポートを使用したブログ記事の集客力×送客力の分析例について解説します。

ブログを運営する目的としては、SEO施策としてユーザーを集客すること、商品の購入をサポートしてCVRの向上をもたらすことの2つがあると思います。このうちの前者はGoogle Search Consoleで分析できますが、後者についてはGA4を利用する必要があります〔図表 **46-7**〕。

まず、以下の指標Aを集客力、指標Cを送客力とします。

- 指標A：各ブログ記事にランディングしたユーザー数
- 指標B：各ブログ記事から商品詳細ページに遷移したユーザー数
- 指標C：指標B÷指標A

続いて、ブログ記事を以下の4つに分類します。

①集客力あり、送客力あり

②集客力あり、送客力なし

③集客力なし、送客力あり

④集客力なし、送客力なし

①は需要があり、購入の後押しをしている記事なので、より多くユーザーの目に留まるように、SNSやメールマーケティングなどで同様の内容を発信していきましょう。

②は商品詳細ページに誘導するのではなく、別の送客力が高いページに内部リンクを張ることが有効です。SEOの効果はあるので、定期的にコンテンツの更新をしていきましょう。

③はSEOの効果が見込めないため、購入をサポートするページとしてCRMに組み込み、適切なタイミングでユーザーの目に留まるようにしましょう。④はSEO・送客ともに効果がないので、リライトを実施して検証し直します。

ブログ記事の集客力×送客力レポート〔図表 46-7〕

なお、商品の使い方や市場における価値は、国によって異なる場合があります。例えば、ある国では富裕層が使う商品として認識されているが、別の国ではコスパのよい商品として広く利用されている、といったケースです。

そのため、同じ言語であっても、ブログ記事の集客力や送客力が国によって異なることがあり得ます。ブログの効果をより詳細に分析したい場合は、言語ごとではなく国ごとで分析することをおすすめします。(徳田)

> **まとめ**
> 越境ECサイトに限りませんが、GA4でユーザーの行動を把握することは必須です。ボトルネックとなっているページがあれば改善し、成約率向上につなげましょう。

※参考：著者による記事
カゴ落ち率（カート離脱率）の平均値と改善対策とは？
https://www.s-bokan.com/blog/post-25856/

47

まずは検索広告で顕在層に迫れ

購入に近い検索行動をするユーザーにGoogle広告でリーチ

> 越境ECでも、集客施策としてGoogle広告が有効です。顕在層には検索広告、潜在層にはディスプレイ広告を使い分けてリーチするほか、広告表示オプションやレビュー誘導で、さらに効果を高められます。

世界の検索市場でも圧倒的なシェアを持つGoogle

新規顧客へのリーチを増やす方法として、ネット広告は即効性がある施策です。特に、自社越境ECサイトでターゲット顧客に効果的にリーチするには、まずはGoogleの検索広告が有効です。

Googleは世界の検索エンジン市場で90%以上のシェアを誇っているため、越境EC事業を行う日本企業が真っ先に攻略すべきプラットフォームといえます。そのグローバルなリーチ力に加え、GmailやGoogleマップなどの関連サービス、傘下にあるYouTubeにも広告を配信でき、検索広告、ディスプレイ広告、動画広告といった多様な形式でターゲットにアプローチできます。

また、「顕在層」と「潜在層」の両方にリーチできる点もGoogle広告の強みです（P.59を参照）。顕在層とは商品やサービスに興味を持ち、具体的なキーワードで検索を行うユーザーです。一方、潜在層は明確なニーズを持っていないものの、関連するトピックに関心を持つユーザーを指します。顕在層には検索広告、潜在層にはディスプレイ広告や動画広告を活用してアプローチしていきましょう。

顕在層には検索広告、潜在層にはディスプレイ広告

顕在層に対しては、例えば日本茶を販売している越境ECサイトの場合、「japanese green tea」といったキーワードに対して検索広告を配信することで、明確な検索意図を持つ顧客にアプローチできます。顧客がすでに自社商品に興味を持っていれば、「ブランド名」「商品名」「企業名」「品番」などのキーワードで検索するはずです。これらのキーワードが検索されたときに広告を表示すれば、購入に結びつきやすいユーザーをサイトに誘導できます。

一方、潜在層に対しては、他のニュースサイトの記事やYouTubeの動画を見ているユーザーに向け、ディスプレイ広告や動画広告を配信します。この層はまだニーズが明確でないものの、関連するトピックには興味を持っているため、将来的に自社商品を購入する可能性があります。

なお、ディスプレイ広告はGoogleの提携サイトにバナー広告を表示し、ユーザーが関心を持つコンテンツを閲覧しているタイミングで広告を届ける仕組みです。動画広告は主にYouTubeで動画の視聴開始時などに再生され、認知度を高める効果が期待できます。

顕在層でも購入までの距離は異なる

顕在層の検索行動は、漠然とした検索行動と、購入に近い検索行動の2つに分類できます。例えば、自社商品が属しているカテゴリに関するキーワードで検索しているユーザーは、そのカテゴリ全般に興味を持っている段階で、漠然とした検索行動といえます。

一方、具体的な商品名や、商品の色や形式、サイズなどの指定を含めた検索を行うユーザーは、すでに具体的な希望を持っている可能性が高く、購入に近い検索行動といえるでしょう。特に、自社の企業名や商品名で検索しているユーザーは、自社や商品をすでに知っているか、利用したことがある状態です。

同様に、競合の企業名や商品名を検索しているユーザーは、すでにその競合の商品を利用したことがある、あるいは競合の商品について知っている可能性が高いでしょう。

顕在層への効果的なアプローチ方法は3つある

　Google広告を活用し、顕在層により効果的にアプローチする方法としては、大きく次の3つがあります。

①より多くの情報を伝える

②レビューページに誘導する

③ショッピング広告を配信する

　①は、検索広告の「広告表示オプション」という機能を利用した施策です。サイト内の特定のページへのリンクを表示する「サイトリンク」、短い訴求文を表示する「コールアウト」、関連する画像を表示する「画像表示オプション」などがあり、メインの広告文の下にさらに情報を追加できます。

　②は、例えば「○○ reviews」（○○は商品名）といったキーワードで検索したユーザーに広告を表示し、サイト内のレビューページに誘導する施策です。自社のレビューを優先的に見せることができます。

　③は、Google広告の形式の1つであるショッピング広告を使った施策です。ショッピング広告では、商品名で検索されたとき、検索結果に商品の画像や価格などを表示できます。テキストが中心の検索広告よりも視覚的に訴えることができ、ユーザーは商品の画像を確認してから商品詳細ページにアクセスするため、効果が出やすい広告です。ショッピング広告についてはP.174などで解説しています。（徳田）

> **ま　と　め**
>
> Google広告は、越境EC事業者にとって顕在層への直接的なアプローチに非常に効果的な広告プラットフォームです。まずは検索広告を攻略しましょう。

48 広告の改善にはSERP分析

現地ユーザーの目線で検索結果ページを見て気付きを得る

> 検索結果ページを見て、広告の分析を行いましょう。現地ユーザーから自社の広告がどう見えているかが分かるので、おのずと改善点も見えてくるでしょう。あわせて、競合他社の広告もチェックしてください。

現地の検索結果ページから要改善点を見つける

　Google広告の管理画面などで配信後のデータを分析すると、広告の改善点が見つかることもありますが、それだけでは十分ではありません。ユーザーにどのように広告が表示されているのかを調査する「SERP分析」にも取り組むべきです。

　SERPは「検索結果ページ」のことで、SEO用語としても扱われますが、検索広告の改善においてもSERPが役立ちます。まずは次ページの実施手順を参考に言語と地域を切り替えて、現地のユーザーと同じ環境で実際に検索してみましょう。

現地ユーザーの気分で検索結果ページを見てみると、新しい発見が得られるかも！

（実施手順）

① 「google.com」にアクセスする。

② 画面右下の［設定］→［検索設定］をクリックする。

③ ［その他の設定］→「言語と地域］をクリックする。

④ ［表示言語］を［English］に変更する。連動して［Results language filter］が［English］に変更されたことを確認する。

⑤ ［Results region］を［United States］に変更する。

⑥ 再度「google.com」にアクセスし、検索を実行する。

　上記はアメリカのSERPを見る場合の例で、「japanese green tea」の検索結果は以下の画面となります〔図表48-1〕。なお、現地のSERPをより正確に再現するには、VPNを利用してアメリカの仮想IPを設定したうえで検索する必要があります。

アメリカのGoogle検索結果の例〔図表**48-1**〕

競合他社の広告にある割引や訴求内容もチェック

　SERPには、自然検索の結果と広告の両方が含まれます。そして、広告には検索広告だけでなくショッピング広告が表示されるケースがあり、前ページの画面でも、冒頭にはショッピング広告が表示されている様子が見て取れます。

　自社がすでに広告を配信している場合は、どのポジションに表示されているかをチェックします。広告はページ上部と検索結果の下部の2箇所に掲載されるので、両方を確認してください。ページ上部に表示される場合は、前節で解説した広告表示オプションの要素も確認できるはずなので、意図通りの内容か見ておきます。

　また、競合他社の広告も見られるので、どのような訴求が含まれているかをチェックしましょう。他社のほうが優位な割引を提示していたり、より魅力的な訴求を含んでいたりする場合は、自社の訴求内容の見直しを検討します。自社では設定していない広告表示オプションを活用しているケースもあるため、他社の広告を参考に、自社の広告をブラッシュアップしましょう。

　そして、オーガニック（自然検索）で上位に出てくる企業も要チェックです。ユーザーにとっては、広告もオーガニックもどちらも購入対象となるので、広告の競合だけをベンチマークしていると、オーガニックで力を付けてきている企業に気付かないケースがあります。Webサイトだけでなく、SNSも検索結果に表示されるケースもあり、YouTubeのコンテンツなども参考となります。（徳田）

> **まとめ**
> SERPの分析は定期的に実施しましょう。自社の広告がユーザーにどのように見えるか、競合とどう差別化できているかを把握することで、効果的な改善ができます。

※参考：著者による記事
海外Web広告の配信戦略：広告配信前に考えるべきこと（B2C編）
https://www.s-bokan.com/blog/post-39789/

49

商品フィードは
広告の次の一手

最新の商品情報をもとにGoogleやInstagramに広告配信

GoogleやMetaで配信できる商品フィードを使用した広告は、ターゲットに最適な商品をアピールできるため、必ず行いたい施策の1つです。その際、定期的に情報をアップデートすることを意識しましょう。

Googleショッピング広告とMetaカタログ広告がある

前節ではGoogleショッピング広告について触れましたが、こうした商品などのデータに基づいた広告を「データフィード広告」と呼びます。このフィードとは、広告主が扱う大量の商品情報（商品名、写真、価格など）を整理してまとめたデータを指します。

商品フィードを活用した代表的な広告は2種類あり、1つが「Googleショッピング広告」、もう1つが「Metaカタログ広告」です。Googleショッピング広告は、ユーザーのキーワードに応じてGoogleの検索結果や［ショッピング］タブに表示されます。Metaカタログ広告は、ユーザーの興味関心や閲覧履歴に基づいて、FacebookやInstagramのフィードなどに表示されます。

これらの広告には、商品フィードによって最新の商品情報が自動的に反映されます。そのため、ターゲットに最適な商品をアピールでき、広告のパフォーマンスを向上させる手段として有効です。もし現在の広告運用で効果が十分に得られておらず、かつ商品フィードを活用していないのであれば、導入を検討してください。

フィードの質が広告のパフォーマンスに直結する

商品フィードを活用した広告のパフォーマンスを最大化するには、フィードの質を高めることが重要です。商品のタイトルや説明には検索されやすいキーワードを適切に盛り込み、魅力的なビジュアルを提供しつつ、価格や在庫状況を最新の状態に保ってください。

越境ECサイトをShopifyで構築している場合、アプリを利用してデータフィード広告向けの商品フィードを生成できます。Google広告と連携するための「Google & YouTube」アプリでも商品フィードを生成でき、おおまかな方法を次節で解説しています。

ただし、通貨単位には注意が必要です。Shopifyで基軸通貨を日本円にしていると、Google & YouTubeアプリで生成した商品フィードの通貨も日本円で生成されます。これは1つのドメインに日本語と英語のサイトを作成している場合でも同様です。

例えば、商品フィードの通貨が日本円になったままアメリカに向けて広告を配信してしまうと、Google広告では通貨換算機能によって自動的に米ドルに換算された価格が広告に表示されます。これは切りの悪い価格になったり、為替によって価格が大きく変わったりする問題につながります。一方、Meta広告では自動換算の仕組みがないため、あくまで日本円でしか表示できません。

さらに、国や地域によって販売が制限されている商品があるため、1つの商品フィードで複数の国に広告配信する設定にすると、エラーが発生する可能性があります。こうした通貨や国・地域の問題を避けるには、Shopifyでは「Multifeed Google Shopping Feed」[※1]などのマルチフィードアプリを利用する方法があります。設定は複雑ですが、対処法として覚えておいてください。 (徳田)

> **まとめ**
> 商品フィードを使った広告は、適切なユーザーに最新の商品情報を届けるために効果的な手法です。定期的なフィードの最適化を行いましょう。

※1 Multifeed Google Shopping Feed
https://apps.shopify.com/multiple-google-shopping-feeds

50
無料リスティングは使わないと損

費用をかけずに商品フィードを活用した広告を配信可能

> GoogleではGMCに登録するだけで無料リスティングができます。費用をかけずに広告を配信できるので、広告を配信したことがない場合は試してみるのもよいでしょう。Shopifyと連携することも可能です。

Googleのショッピング広告のお試し版として使える

「Googleのショッピング広告に興味があるが、まずはどれくらいの成果が出るのか試してみたい」という人は多いと思います。そこでおすすめなのが、Googleの「無料リスティング」です。ショッピング広告のお試し版のようなイメージで利用できます。

無料リスティングを利用するには、「Google Merchant Center」(GMC)に自社越境ECサイトや店舗を登録する必要があります[※1]。GMCはGoogle検索などに掲載する広告の商品情報を管理するためのツールで、商品のタイトル、価格、画像、在庫情報などをまとめたデータフィードを送信するために利用します。

GMCによってGoogleのさまざまなサービスとの連携がスムーズになり、ショッピング広告や無料リスティングに商品を掲載できるようになります。商品情報は正確かつ詳細であるほど広告の精度が向上し、より多くの表示機会を得られるようになります。特に越境ECでは、ターゲット国の市場に適したデータを登録することで、その国に最適化された情報を表示することが重要になります。

※1　Merchant Centerの利用を開始する
https://support.google.com/merchants/answer/12159157

GMCに手動でデータフィードをアップロードする

Googleの無料リスティングを利用するため、商品フィードの準備を進めましょう。データフィードは一般的に、CSV、XML、Googleスプレッドシートなどの形式で作成します。

GMCに手動でアップロードする場合は、Googleスプレッドシートのテンプレートを使うのが簡単で、おおまかな手順は以下の通りです。各商品には、商品名、説明、価格、画像、URL、在庫状況などの詳細を含める必要があり、最低限入れるべき情報があるので、公式ヘルプの「商品データ仕様」(※2) を確認してください。

(実施手順)

① GMCにログインして [商品] に移動する。

② [商品を追加] → [別の商品ソースを追加] をクリックする。

③ [Googleスプレッドシートのテンプレートを使用] をクリックし、テンプレートに沿って商品情報を入力する〔図表50-1〕。

④ テンプレートへの入力が完了したらGMCに戻り、スプレッドシートの連携と同期のスケジュールを設定する。

ShopifyでGMCと連携してデータフィードを同期する

Shopifyでサイトを構築している場合は、「Google & YouTube」アプリを利用することで商品フィードを生成し、それをGMCにアップロードできます。以下のようにGoogle & YouTubeアプリをインストールし、GoogleアカウントをGMCアカウントと連携することで、Shopifyの商品情報がGoogleと同期します。

(実施手順)

① Shopifyの管理画面から [設定] → [アプリと販売チャネル] をクリックする。

② [Google & YouTube] を開き、アプリを追加する。

③ GoogleアカウントとGMCアカウントを連携する〔図表50-2〕。

※2　商品データ仕様
https://support.google.com/merchants/answer/7052112
「商品基本情報」が必須項目となる。

Googleスプレッドシートのテンプレートの入力例〔図表 50-1〕

Google & YouTubeアプリでの連携〔図表 50-2〕

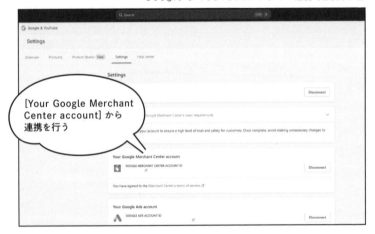

Googleの無料リスティングに掲載を申請する

　データフィードを設定してGMCへのアップロードが完了すると、審査プロセスが始まります。この審査には通常、3日程度かかります。審査に通過すれば商品が無料リスティングに掲載されますが、そのためには送料の設定が必要です。設定はGMC内の［送料と返品］から行ってください。

注意点として、商品の通貨と送料の通貨が一致していない場合はエラーが発生し、審査が不承認になるケースがあります。これらの設定が完了すれば、商品の広告が自動的にGoogle検索の［ショッピング］タブに無料で表示されるようになります。

　なお、GMCでは以下のように操作すると、無料リスティングの表示回数、クリック数、コンバージョン数などを確認できます。国ごとの商品フィードの登録状況などは、［ビジネスの情報］の［国］のメニューで確認が可能です。(徳田)

実施手順
① GMCの［概要］をクリックする。
② 商品の販売状況の項目の［もっと見る］をクリックする。
③ ［Googleにおける商品のクリック数］というグラフが表示され、「無料リスティング」という青の折れ線がクリック数となる。クリック数を表示回数やコンバージョン数に切り替えることもできる〔図表50-3〕。

無料リスティングの掲載状況〔図表50-3〕

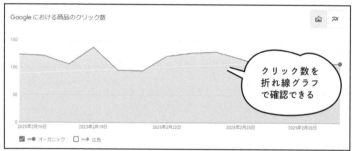

> **まとめ**
> データフィードに商品情報が揃っていれば、より露出機会を増やすことができ、Googleのアルゴリズムが最適なタイミングで商品の広告を表示してくれます。

51

複数国に広告配信するときの考え方

予算や顧客の行動傾向に応じてキャンペーンを分ける

複数の国に広告を配信するには、国ごとに戦略を変える必要があります。では、どのように考えたらよいのでしょうか？ 予算やユーザー行動などから、最適なキャンペーン設定を見つけていきましょう。

Google広告では1カ月間で50件のCVが必要

複数の国や地域に広告を配信する場合、広告プラットフォームごとの最適な設定方法をはじめ、国ごとの予算配分、ユーザーの行動の類似性など、多角的な視点を交えた戦略が求められます。全体としては、次ページの樹形図のような思考プロセスでキャンペーン構成を考えていきます[図表51-1]。

まず前提として、Google広告やMeta広告が推奨するキャンペーン設定に沿うことが重要です。各プラットフォームには自動最適化機能が備わっていますが、その効果を発揮するには、十分なコンバージョン数を確保する必要があります。

Google広告では、1キャンペーンあたり過去30日間に30〜50件のコンバージョンを獲得することが推奨されています。この基準を満たすことでGoogleの機械学習が最適に働き、ターゲットオーディエンスへのリーチや広告費の効率化を高められます。

Meta広告では、1広告セットあたり週に50件のコンバージョンを獲得とすることが推奨されています。

キャンペーン構成の考え方〔図表51-1〕

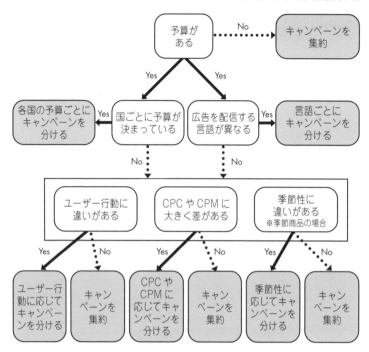

「カートへの投入」などをコンバージョンにする方法も

　コンバージョン数が前述の基準に満たないなら、マイクロコンバージョン⟨※1⟩を設定する方法もあります。ECサイトにおけるマイクロコンバージョンは、「カートへの投入」や「決済フォームへの到達」とするのが一般的です。この設定によってコンバージョン数が増え、機械学習が早まったり、キーワードや広告クリエイティブの成果を迅速に判断できたりといったメリットがあります。

　ただし、実際には購入に至っていないユーザーに最適化される可能性があるため、マイクロコンバージョンはあくまで補助的な手段と考えるのが無難です。できる限り、主要なコンバージョン（購入の完了）に基づく運用を推奨します。

※1　マイクロコンバージョン
最終的なコンバージョンに至るまでの中間に設定するコンバージョンのこと。

※参考：著者による記事
複数国へ広告配信する際のキャンペーン構成の考え方
https://www.s-bokan.com/blog/post-39799/

可能な限り国ごとにキャンペーンを作成

複数の国へ広告を配信するにあたり、国ごとにマーケティング予算が決まっている場合は、それぞれの国で別々のキャンペーンを作成してください。キャンペーンを分けることで、各国の予算に応じた配信調整が可能になり、特定の国に広告が過剰に表示される状態を防げます。

反対に、複数の国を1つのキャンペーンにまとめると、予算配分が自動的に行われるので、特定の国に対する配信の調整ができません（「クリック数の最大化」入札戦略を除く）。そのため、パフォーマンスがよい国でのみ広告が多く表示され、他の国での配信が制限されるといった状況が起こります。

また、配信する言語が異なる場合、広告プラットフォームの設定上、言語ごとにキャンペーンを分ける必要があります。各キャンペーンで言語設定が行われるため、ターゲット言語に応じてキャンペーンを分け、最適な配信を実現しましょう。

ユーザー行動が似ている国を同じキャンペーンにまとめる

複数国への広告配信でパフォーマンスを高めるには、行動傾向や商品に対する理解度が近い国を1つのキャンペーンにまとめることが有効です。アメリカやカナダ、イギリス、オーストラリアなどの英語圏では、文化や実施するセールなどの消費行動が類似しており、近しいメッセージが効果的に響きます。

また、ユーザーの商品に対する理解度の違いに応じて、キャンペーンの国を分けることも有効です。抹茶を例にとると、抹茶の産地やブランドに関心を持ち、具体的なキーワードで検索するユーザーが多い国もあれば、「抹茶」という一般的なキーワードでしか調べないユーザーが多い国もあります。こうした違いに応じて、キーワードや広告文、ランディングページを調整することで、広告効果がさらに向上します。

国ごとのユーザー行動の類似性を生かしたキャンペーン構成としては、次ページのような分け方が考えられます。

- 英語圏グループ：アメリカ、カナダ、イギリス、オーストラリア
- 欧州グループ：フランス、ドイツ、スペイン、イタリア
- アジア先進国グループ：香港、シンガポール、中国
- 東南アジアグループ：台湾、タイ、マレーシア

　これにより、広告メッセージの一貫性が保たれ、ターゲットとなるユーザーにより魅力的に響く内容となります。また、行動データの分析や成果の振り返りも適切に管理でき、広告効果の改善がしやすくなります。

国ごとにパフォーマンスの差が出ることを念頭に

　実際に広告運用を開始したら、国ごとにCPCやCPM（※2）が異なる点を考慮してください。例えば、Googleの検索広告では、国によってキーワードの検索ボリュームや競合数が異なるため、CPCが変動します。競合の激しいアメリカやイギリスなどの市場ではCPCが高く設定されることが多く、同じ予算でもリーチできるユーザー数や獲得単価に差が生じます。

　一方、Meta広告では、オーディエンスのボリュームや競合状況によってCPMが変わり、結果としてCPAやROASも異なります。例えば、コンバージョン目的のキャンペーンでは、CPAが低い国に配信が集中することがあり、最適化の傾向がその国に偏る可能性もあります。これを防ぐために、CPCやCPMが大きく異なる国はキャンペーンを分け、個別に最適化することが推奨されます。

　筆者が支援した事例でも、欧米とアジア圏ではCPCが数倍の差になる商品があったため、キャンペーンを分けて効果的な予算配分と広告効果の改善を行いました。（徳田）

> **まとめ**
> 複数国への広告配信では、国ごとのユーザー行動や単価、言語の違い、各国の予算や言語を考慮してキャンペーン構成を考えることで、広告効果を最大化できます。

※2　CPM
「Cost per Mille」の略。ネット広告を1,000回表示するために必要な費用を指す。

※参考：著者によるYouTube動画
はじめての海外向けリスティング（Google）広告
https://www.youtube.com/watch?v=OLLxr9WPnLs

52

米国最大の商戦 BFCMに挑戦せよ

ブラックフライデーとサイバーマンデーに乗り遅れるな

> ブラックフライデーとサイバーマンデーは、アメリカで最も購入意欲が高まるタイミングです。この好機を逃さず、確実に売上を伸ばしましょう。新規顧客を獲得できたら、翌年の平均売上も上がっていきます。

BFCMの準備は9月頃から始める

ブラックフライデーは、アメリカの祝日である11月第4金曜日の感謝祭（サンクスギビング）明けに行われるセールで、ホリデーショッピングの幕開けとなる日です。サイバーマンデーとは、感謝祭の翌月曜日から開催されるオンライン上の大規模セールを指します。

この2つを組み合わせて「BFCM」と呼び、BFCMからクリスマスにかけての期間が、アメリカにおいて1年で最も消費が活発になる期間です。筆者が支援するクライアントでも、11月の通常期と比べてBFCMは約3倍の注文が入ります。世界的に売買が発生するこの時期を盛り上げるために、BFCM時期の売買状況を可視化するページをShopifyは用意しています〔図表52-1〕[注1]。

BFCMの準備は9月頃から始めましょう。セールの告知はメルマガやInstagramを活用して行いますが、早すぎると買い控えを招く可能性があるため、11月以降に実施するのがよいでしょう。まずメルマガ登録者限定の「プレBFCM」を実施することを告知し、Instagramのフォロワーを登録者へと転換する施策が有効です。

※1　Shopify Live Globe 2024
https://bfcm.shopify.com/

BFCMにおける売買情報を示した画面〔図表 52-1〕

最低でも6回の告知を実施

　BFCMは最も購入が発生すると同時に、広告の競争が激しくCPCが高騰する時期でもあります。BFCMの売上を最大化するには、事前に顧客リストを取得して案内を送付できるようにします。おおまかな流れは以下の通りで、最低でも6回の告知を実施しましょう。

①BFCMの時期を告知 （11月上旬）

②プレBFCMの時期を告知 （11月2週目）

③プレBFCMの開始を告知

④BFCMの開始を告知

⑤BFCMの最終日を告知

⑥BFCMの終了を告知

　告知は前述のようにメルマガやInstagramで行います。プレBFCMの告知に備えて、10月頃にInstagramのストーリーズや投稿で「今、会員登録しておくことでプレBFCMセールに参加できます！」などと案内し、Instagramのフォローに会員登録を促してください。プレBFCMの開始後は、会員向けに積極的に告知を行います。

　BFCMがスタートしたら、メルマガ会員以外の顧客にも告知を行

い、この機会を利用した初回購入を促します。同時に、ギフトページやセール専用ページへのスムーズな誘導導線を用意してください。

さらに、BFCM終了の12時間前には、人気商品や掘り出し物を告知しつつ終了時期を明確に伝えることで、「今だけ」の特別感を強調します。そして、BFCMが終了するタイミングでセールの終了を正式に案内し、キャンペーンを締めくくります。

BFCMで成果を伸ばすことで翌年の平均売上が上がる

BFCMで新規顧客を獲得できれば、翌年以降の平均売上を伸ばせる期待が持てます。BFCMでブランドを初めて知った「未認知顧客」や、以前からブランドを知っていたものの購入には至っていなかった「認知未購入顧客」が、セールをきっかけに初めて購入し、その後のリピート顧客になる可能性があるためです。

新規顧客をリピート購入につなげるため、顧客管理システムでBFCM期間中にクーポンコードを使用した新規顧客をタグ付けするなど、後で再アプローチできるようにリスト化しておきましょう。

特にアメリカ市場をターゲットとする場合、11月と12月に売上のピークが発生し、1月にやや売上が減少するものの、前年の平均売上を上回るパフォーマンスが期待できます〔図表**52-2**〕。このサイクルを毎年繰り返しながら売上ベースを少しずつ底上げしていくことが、健全な運用といえるでしょう。

アメリカ市場における2年間の売上推移の例〔図表**52-2**〕

顧客を楽しませながら効率化を図る

　セールは、ただ安くすればよいというものではありません。顧客の期待に応えつつ、自社の業務効率化やコスト削減、会員化の促進などにつながるアイデアも練ってみましょう。

　例えば、ここまでに述べたプレBFCMは、メルマガ会員のみが参加できるセールであることから、限定感を強く演出することで顧客ロイヤリティを向上させる効果が期待できます。また、BFCMの期間中は月末に受注処理や発送業務が集中しますが、プレBFCMによって購入のタイミングを一部前倒しすることで、オペレーションの負担を分散することが可能です。

　他の施策としては「送料無料キャンペーン」や「一律割引セール」が挙げられます。越境ECでは送料が高額になるケースが多く、購入の障壁になっている可能性があります。BFCMの期間中に送料無料キャンペーンを試験的に実施し、大幅な売上増加が見られた場合は、現地にフルフィルメント倉庫を設置してもよいかもしれません。事前に倉庫にまとめて配送することで送料の課題を解消し、売上のブレイクスルーを図れる可能性があります。

　一律割引セールは、新規会員向けにクーポンコードを付与するかたちで割引を提供する施策です。ただ単にサイト上で価格を下げるのではなく、新規顧客がメルマガ会員になる動機付けを盛り込むことで、翌年以降の売上向上にもつなげられるでしょう。こうしたセールのアイデアは次節でも紹介します。（徳田）

> **まとめ**
>
> 「BFCMを制するものは越境ECを制する」といっても過言ではありません。BFCMの成果を最大化するためにも、しっかりリストを確保しておきましょう。

53
セールと広告はワンセット

事前に計画を練り、セールにあわせて広告を強化する

> セールはただ商品を割引するだけの施策ではありません。割引から送料無料、ノベルティの配布など、さまざまな種類があるのです。顧客やターゲット市場にあったセールを企画・実施していきましょう。

セールの成功は事前の準備と広告の活用次第

越境ECサイトの広告運用においては、年間を通じたセールの計画が重要です。年間のセール時期を把握し、ターゲット市場にあった内容で広告を最適化することで、越境ECの売上を大幅に向上させることができます。

まず、セールを実施するタイミングを押さえてください。前節で解説したBFCM以外にも、1月に行われる新年セール、4〜5月の春のセール、7〜8月の夏のセール、そして年末商戦があります。また、例えば中国の「独身の日」(光棍節) など、各国の特有の祝日やイベントを把握しておくことも重要です。こうした時期に集中して広告を強化し、競合に差をつけましょう。

セール関連の施策は、実施時期の3〜6カ月前に計画を開始するとよいでしょう。セールの内容は定番の割引や送料無料キャンペーンに加え、複数の商品をセットで割引して提供するバンドル販売などが想定できます。顧客層やターゲット市場に応じて、柔軟に設計していきましょう。

欧米とアジアの主なセール期間を把握する

　欧米では年間を通じて、いくつかの大規模なセールイベントが開催されます。特に重要なのが11月下旬のBFCMで、年末商戦の始まりを告げる時期です。

　その後にはクリスマスセールが続いてギフト需要が増えるため、11〜12月は1年間の中で最も購入意欲が高まるタイミングでもあります。また、アメリカの独立記念日 (7月4日) やイギリスのボクシングデー (12月26日) といった国特有のセールも注目されます。

　アジアでは文化や伝統に関連するセールが多くありますが、最も盛り上がるのは中国の独身の日 (11月11日) です。この祝日は中国発祥ですが、最近ではアジア全域で盛り上がっており、ECサイトでは大規模な割引が行われています。

　また、1月下旬〜2月上旬にかけて7日間程度の連休となる「旧正月」(春節) はギフト需要が高まる時期で、食品や日用品、家電が人気です。さらに、9〜10月の中秋節や年末商戦も重要なセール期間となります。これらの時期には、早めの計画とターゲット市場にあったプロモーションが必要です。

顧客層やターゲット市場にあわせてセールの内容を工夫

　セールの内容は、例えば以下のようなアイデアがあります。ワンパターンにならないよう、さまざまな形式や切り口を取り入れていきましょう。

割引セール

　一定額または一定割合の割引を提供します。最も一般的で効果的なセールです。

バンドル販売

　複数の商品をセットで割引して提供します。セットにすることで単価の引き上げが可能です。

限定品セール

希少性を強調した限定商品で購入意欲を喚起します。

送料無料キャンペーン

送料の負担が購入のハードルになりがちな越境ECサイトにおいては、特に有効です。複数の形式を試し、ターゲット市場に最も適した方法を見つけることがポイントです。

保証期間の延長

返品保証などの期間を通常よりも延長します。

ノベルティ配布

セール期間中にノベルティをプレゼントします。

ポイント付与

ポイントプログラムを実施している場合は、セール期間中に限り「ポイント〇倍」などを実施します。

割引クーポン

次回の購入時に使える割引クーポンを配布します。通常時より割引率が高いクーポンは、効果がより大きくなります。

セール時には必ず広告を配信

　上記のようなセールを実施する際は、必ず広告を配信しましょう。通常価格のクリエイティブと、割引率と対象商品を載せたクリエイティブを比較すると、後者のほうが顧客の注目を得られ、CTRが上がる傾向があります。

　筆者が以前に支援した事例では、クライアントが特定のカテゴリに特化したセールをしたことがありました。このときには広告を配信せずに、メルマガと自然検索の流入だけで集客を行ったのですが、せっかくの目玉セールだったのにも関わらず、既存顧客の一部が購入したのみという結果に終わってしまいました。

　セールは新規顧客を獲得するチャンスです。新規オーディエンス

獲得を目的とした広告にもきちんと予算を割くようにしましょう。

目標を設定したうえで広告の準備を進める

　セールのスケジュールについては、前述の通り実施日の3〜6カ月前に計画を開始しますが、最初に目標を設定しましょう。売上はもちろんですが、自社越境ECサイトへの訪問者数、広告費用対効果（ROAS）など、具体的な数値を設定してください。

　続いて、広告クリエイティブを準備します。バナーやランディングページをセールの内容にあわせて作り込むほか、広告プラットフォームの選定も進めてください。Google広告やMeta広告、YouTube、TikTokなど、ターゲット市場に効果的な媒体を選びます。

　セール終了後は、データを収集・分析しましょう。次回のデータに活用できます。（徳田）

> **まとめ**
> 年間を通じて重要なセール時期を把握し、ターゲット市場にあった内容で広告を最適化すれば、自社越境ECサイトの売上が大幅に向上します。

54
クリエイティブに
メッセージを込めろ

広告のパフォーマンスを上げるための基本的な考え方

広告クリエイティブは、ただ見栄えのするデザインにすればよいと考えていませんか? 重要なのは「誰に広告を届けたいのか」を明確にすることです。そのうえで、自社の強みを表現していきます。

まずは「誰に向けた広告なのか」を明確に

　広告を配信しているものの、パフォーマンスが上がらずに悩んでいませんか? さまざまな競合がひしめく海外市場で、漠然と広告を配信するだけでは効果は上がりません。バナーやランディングページなどのクリエイティブを改善し、成果につなげましょう。

　クリエイティブを最適化するには、まず「広告を誰に届けたいのか」を明確にし、その顧客像から課題やニーズを考えることが重要です。ターゲットを具体的に定義すれば、おのずと広告の内容やデザインも決まってきます。逆に、ターゲットが絞り込まれていないとメッセージが薄くなり、パフォーマンスが低下してしまいます。

　そのうえで、次の3つのポイントを意識しながら、クリエイティブの最適化を図っていきます。

①自社の強み・独自性を明確にする

②競合他社の広告をチェックする

③訴求にあわせてアセットを作成する

自社の強みや他社の分析を反映したアセットを揃える

①については、まずP.156で述べた自社のバリュープロポジションを定義します。競合他社に勝る、自社の商品ならではの品質、製法・素材、アフターサポート、特典などを確認しましょう。

そして、その価値をターゲットに分かりやすく伝えるためのキーワードやフレーズを考えます。海外市場では特に品質や信頼性が重視されるため、その点を強調するのも有効です。

②は海外企業、もしくは国内他社の越境ECサイトのクリエイティブの確認が必須です。検索広告やショッピング広告については、P.172で解説した方法で現地のSERPを実際に確認してください。バナー広告のクリエイティブをチェックするには、Similarwebのほか、「Meta広告ライブラリ」[※1]や「Adbeat」[※2]といった競合調査ツールを利用するとよいでしょう。

競合で強調しているメッセージを分析していくと、自社の広告がどう差別化できるか見えてきます。さらに、他社の広告からユーザーが好むデザインやフォーマットを調査することで、自社のクリエイティブに生かせるでしょう。

③の「アセット」とは、広告クリエイティブを構成する素材のことを指します。広告の訴求内容にあったアセットを用意しましょう。画像、動画、テキストなど、視覚的・感覚的にターゲットに響くアセットを用意すると、訴求力が高まります。

例えば、ビジュアルで伝えたい場合は高品質な画像や動画、信頼性をアピールしたい場合はユーザーレビューや実績を示すアセットが有効です。さらに、ターゲットの関心や行動に応じたアセットを展開することで、より効果的な広告を作成できます。（徳田）

> **まとめ**
>
> ターゲットや自社の強みの明確化、さらに競合他社を意識して差別化すれば、よりよい広告クリエイティブを用意でき、広告経由での売上の向上が期待できます。

※1　Meta広告ライブラリ
https://www.facebook.com/ads/library/

※2　Adbeat
https://www.adbeat.com/

55

デッドストックは
通年セールで売り切れ

特定のサイズや色の売れ残りを在庫セールでさばく

> アパレルなどでは、特定の柄やサイズが売れ残ってしまうことがあります。その場合は、常設のセールページを用意して、デッドストックを販売していきましょう。また、売れ残る原因を分析することも必要です。

常連ユーザーがセールページをチェックしてくれる

アパレル関連商品などでは、特定のサイズや色の商品がいつまでも売れず、在庫が残ることがよくあります。英語圏では、長期間売れ残った商品を「deadstock」（デッドストック）と呼び、「デッドストックセール」が度々開催されます。

デッドストックを売り切る方法の1つが、長期または常設のセールページを作ることです。ブランドサイトに頻繁に訪れるユーザーは、サイトに訪れるたびにセールページをチェックするようになります。あるテキスタイル（生地）を販売している越境ECサイトでは、特定の色がいつまでも売れ残っていました。そこで「10%OFF」「20%OFF」「30%OFF」と割引率を分けたセールページを常設で設けたところ、大半のデッドストックを販売することに成功しました。

とはいえ、英語圏の顧客にとって、デッドストックは「長期間売れ残って倉庫に放置された商品」を意味することは自明です。デッドストックセールとそのまま伝えると購入意欲が下がってしまうため、単に「セール商品」として販売するのがよいでしょう。

売れ残る商品の共通点を見つけて改善する

　セールで販売したとしても、売れ残ってしまう商品は必ずあるものです。その場合でも「ダメだった」と肩を落とさず、どうして売れ残ったのかを考えてみましょう。

　生地の業界では、今は使わないけどいつか「端切れ」として使うかもしれないというニーズがあり、デッドストックとして販売しても売れることがあります。しかし、アパレルやインテリア雑貨の場合は「今使わなくてもいつか使うかも」というニーズは少ないため、売れにくい傾向があります。

　このとき、売れなかった要因が商品そのものにあるのか、プロモーション施策にあるのかを探ってみましょう。例えば「アパレルのサイズ展開が日本基準となっており、ターゲット国のユーザーのサイズ感覚と異なっていた」、あるいは「ターゲット国の文化では縁起が悪いとされる色や柄を商品化していた」など、自社のリサーチ不足が原因だったかもしれません。

　これらの例は少し極端ですが、「次はこうすれば売れるのではないか？」という要素を見つける努力も必要です。売れ残りの商品から、次につながる改善点を探してみましょう。(徳田)

常設セールページを設けると、アクセスが集まりやすくなるね！

> **まとめ**
> デッドストックは必ず発生するものと捉えてください。セールで販売したり、売れ行き不調の原因を考えたりして、プラスに変えていきましょう。

56
アンバサダーは
ファンから選べ

フォロワー数よりもエンゲージメントを重視する

自社ブランドのアンバサダーは、影響力のあるインフルエンサーに声を掛けたくなりますが、熱量の高いファンに依頼したほうが長期的には得策だといえます。アンバサダーを選ぶ際に意識すべき点を紹介します。

インフルエンサーよりも熱量の高いファンが最適

使用イメージが伝わりにくい商品や、着用時のシルエットを伝えたいアパレル商品を海外向けに販売する場合は、事前に商品サンプルを自社の「アンバサダー」に提供し、商品の使用イメージを撮影してもらいましょう。その後、プロモーション施策などとタイミングをあわせてSNSに投稿してもらうと効果的です。

投稿された写真はアンバサダーの許可を得て、自社越境ECサイトの商品詳細ページに掲載することで、訪問ユーザーに商品の使用イメージを伝えられます。動画の場合は、Shopifyアプリ「Tolstoyショッパブルビデオ」[※1]を活用してInstagramでタグ付けされたリール動画をサイト内に取り込めば、商品の使用イメージとしての表示が可能になります。

このような施策を成功させるには、高い熱量で対応してくれるアンバサダーを自社ブランドのファンから選出することが重要です。そのために考えるべきポイントや、アンバサダー募集ページの事例について見ていきましょう。

※1　Tolstoyショッパブルビデオ
https://apps.shopify.com/tolstoy

フォロワーからのコメント数やいいねの多さで選ぶ

アンバサダーは直訳すると「大使」ですが、Webマーケティングにおいては「自社ブランドを表現してくれる人」といった意味になります。似た言葉に「インフルエンサー」がありますが、こちらはあくまでも「影響力のある人」で、ファンではありません。

金銭の授受によって商品をプロモーションするインフルエンサーとは異なり、アンバサダーはブランドへの熱量が高い人でなければいけません。よって、自社越境ECサイトを実際に利用しているユーザーや商品を購入している顧客、SNSのフォロワーから集めるようにしましょう。

筆者が越境ECサイトを構築する際には、「アンバサダー募集ページ」を用意しています。アンバサダーに求める役割や要件を記載し、自ら名乗り出てくれる人を募ります。商品の使用イメージを投稿してもらい、集客効果よりも接客時に活用することを優先しましょう。

アンバサダーにふさわしいかどうかを判断するポイントは、その人の通常投稿の内容とブランドの世界観のマッチ度合い、そしてフォロワーとのエンゲージメントの深さです。フォロワー数の多さよりも、コメント数やいいねの多さなど、「他のユーザーとの結びつき」を重視して判断すると失敗しにくいでしょう。

新商品開発の戦力としても期待

アンバサダーに自ら応募した人であれば、商品のサンプルを提供して依頼すれば、SNSへの投稿に応じてくれるでしょう。また、可能であれば、アンバサダー限定のシークレットディスカウントクーポンを発行し、依頼したアイテム以外もアンバサダー価格で購入できるように取り計らってください。

さらに、既存商品の発信だけでなく、新商品の企画プロセスにアンバサダーを巻き込むことで、アンバサダーがよりブランドに親しみを持ってくれます。「私のアイデアが採用された」と、商品開発の一部に関わったことを誇りに思ってもらえるような人に、アンバサダーになってもらいましょう。

求める人物像を明記してミスマッチを防ぐ

　アンバサダーの募集について、参考になる事例を紹介します。プロテインやトレーニングウェアを販売する「ANIMAL」(※2)というブランドでは、ECサイト内にアンバサダー募集ページを用意するとともに、Facebookでアンバサダーを募集していました〔図表56-1〕。

　募集ページに遷移すると、アンバサダーになるためのステップや要件、ベネフィット（特典）について解説されています。求める人材像を明記することは、応募後のミスマッチを防ぐことにつながるので、具体的に記載するようにしましょう。ANIMALのページでは、居住地、年齢、Instagramのフォロワー数、投稿頻度などの要件が記載されています。

　アンバサダー側に提供する特典としては、その人に提供したシークレットディスカウントクーポン経由で購入が発生した場合に、10%のリワード（報酬）が発生します。さらに、150ドル相当のウェルカムパッケージとVIPアクセスを提供としています。（徳田）

アンバサダー募集ページの例〔図表 56-1〕

Facebookはファンがフォローしているので効果的

> **まとめ**
> アンバサダーは自社のファンから選び、商品の利用イメージを具体的に伝えてもらいましょう。アンバサダー募集ページを用意して、ミスマッチを防ぎます。

※2　ANIMAL
https://www.animalpak.com/

※参考：著者によるYouTube動画
動画を活用したECサイトマーケティング
https://www.youtube.com/watch?v=PkikKZvR_ho

57
インフルエンサーとはWin-Winを重視

良好な関係を築いてアフィリエイト経由の売上を最大化

> インフルエンサーは発信力・影響力があるので、仕事を依頼できると大きな戦力になります。海外のインフルエンサーを見つけることは容易ではありませんが、メリットのある関係を築けるようにしましょう。

「アフィリエイト＝初期費用なし」は海外では通用しない

インフルエンサーを活用した施策は、自社ブランドの認知向上だけでなく、会員登録や購入を促進するための施策としても有効です。そのため、アフィリエイトプログラムと組み合わせた手法も増えていますが、一筋縄ではいかないことに注意が必要です。

海外のインフルエンサーに仕事を依頼すると、多くの場合、まず「メディアキット」が自社に提供されます。これはインフルエンサーの経歴や実績のほか、媒体への掲載費用、基本報酬、さらにオプション料金などを記載した資料のことですが、要求される金額の高さに驚くことも少なくありません。

よって、ほとんどのケースでは「この金額では難しいので、何か交渉の余地はないですか？」と連絡し、媒体費用とアフィリエイト報酬の両方に関して交渉を進めることになります。

アフィリエイトは成果報酬型の仕組みなので、初期費用が掛からない施策だと考えている人も多いと思いますが、海外で実施する場合はそうではない、ということを念頭に置いてください。

※参考：著者による YouTube 動画
海外アフィリエイトを成功させる7つのポイント
https://www.youtube.com/watch?v=h6t9KAAPDqU

自社にマッチした海外インフルエンサーは貴重な人材

　海外でインフルエンサーにアフィリエイトを依頼する場合は、平均顧客単価が1万円以上の商品、もしくはLTV(※1)で計算し、アフィリエイトの報酬をできるだけ捻出してオファーするようにしましょう。これは平均顧客単価が低いと、インフルエンサーに支払うアフィリエイト報酬も低くなってしまうためです。

　インフルエンサーが報酬を得るまでには、コンテンツの制作、アクセスの獲得、ECサイトへの送客、ユーザーの購入というステップが必要です。これらの実作業に見合った報酬を提供でき、Win-Winの関係になれるようにすることが大切です。

　筆者の場合、初回のコンテンツ制作に費用を支払い、さらにアフィリエイト報酬が発生するオファーをし、通常の媒体費用よりも金額を抑えて掲載してもらっています。また、コミッション料(※2)はできるだけ支払うようにしており、目安として売上の10%以上に設定しています。

　海外でインフルエンサーを探してみると、自社が取り扱う商品にマッチする人は、思った以上に限られていることに気付きます。そのため、媒体費、コンテンツ制作費、コミッション料などがかさみ、インフルエンサーの施策単体ではROASがあわなかったとしても、集客施策全体で採算があえばよいと考えたほうが、将来的な関係構築のためにも得策です。結果として指名検索が増えればよい、LTVで考えればよいと、少し甘めの判断を心掛けましょう。

　今後、越境ECに参入する日本企業は増えていくはずです。自社にマッチするインフルエンサーを早めに押さえて良好な関係を築いていくことは、長期的に自社のメリットにつながっていきます。

顧客やファンにアフィリエイトを依頼するのもOK

　予算的な余裕がない場合は、インフルエンサーではなく、自社の既存顧客やブランドを認知している人にアフィリエイトを依頼する方法もあります。そうした人々は「ギフティング」、つまり自社の商品やサービスを無料で提供することで、アフィリエイトを受けてく

※1　LTV
「Life Time Value」の略で、「顧客生涯価値」のこと。顧客が自社と取引を開始してから終了するまでに得られる利益のこと。

※2　コミッション料
手数料のこと。売上の10%などで設定し、よく売れるアフィリエイターにはさらに上乗せした特別な料率を設定することもある。

れることがあります。

　自社越境ECサイト内でアフィリエイターを募り、タグを発行してアンバサダー兼アフィリエイターとして活躍してもらいましょう。例えば、米国の化粧品店「Glossier」(※3)ではフッターにアフィリエイトプログラムページを設けており、クリックするとShopifyのアカウント作成ページに遷移します〔図表57-1〕。ユーザーはアカウントを作成することで、Shopifyのアフィリエイトプログラム経由でブランドの商品を宣伝できるという仕組みです。

　なお、海外にもASP（アフィリエイトサービスプロバイダー）が存在しており、ASP経由でアフィリエイターに依頼することも可能です。筆者も海外ASPに登録し、ASP内のアフィリエイターを探した経験がありますが、料率がマッチした人は多くありません。どちらかというと、ASPの仕組みを活用して効果を計測する場合に有効です。

　そもそもShopifyで越境ECサイトを運用している場合は、Shopifyのアフィリエイトアプリで計測できるため、必ずしもASPを契約する必要はありません。筆者はShopifyおよびBig Commerceのプロジェクトで「Affiliatly Affiliate Marketing」(※4)というアプリを利用しています。（徳田）

アフィリエイトプログラムページの例〔図表57-1〕

自社越境ECサイト内で募集することで、ECサイトを訪れたユーザーにアピールできる

> **まとめ**
> 自社にマッチしたアフィリエイターを見つけられれば、安定的に売上を確保できます。長期的に良好な関係を築くことを念頭に、条件や報酬などを設計しましょう。

※3　Glossier
https://www.glossier.com/

※4　Affiliatly Affiliate Marketing
https://apps.shopify.com/affiliatly

58

予算配分の鍵は
RFM分析

過去のデータを分析し、今後の施策の優先順位を決める

これまで、越境ECで成果を上げるための施策を紹介しましたが、すべての施策を行うのは難しいため、優先順位を付ける必要があります。過去の購入データに基づくRFM分析で、最適な施策を考えましょう。

3つの基準から優良な顧客を獲得した施策を見つける

越境ECサイトにおける集客・接客施策はやるべきことが多いため、優先順位を考える必要があります。そして、施策の優先順位をつけるうえで役立つのが「RFM分析」です。

RFM分析とは次の3点から顧客を分析する手法で、どのセグメントに力を注ぐことが売上の最大化につながるのかを考えます。

- R：Recency　　　**最終購入日** (最近いつ購入したか)
- F：Frequency　　**購入頻度** (どれくらいの頻度で購入したか)
- M：Monetary　　**購入金額** (どれくらいのお金を使ったか)

例えば、ある商品の平均購入回数が年3回の場合、年3回以上購入する顧客と年3回未満の顧客に、購入の理由や自社を認知した経路をヒアリングします。そして、得られた内容を広告の訴求に使用するほか、年3回以上購入する顧客が認知した経路の広告への予算を増やし、集客を強化するといった施策が考えられます。

※1　ECPower
https://apps.shopify.com/ecpower

ShopifyアプリでRFM分析を実施する

筆者がRFM分析を行う際は、Shopifyアプリの「ECPower」(※1)や「LifeTimely」(※2)を使用しています。過去の購入データを抽出し、顧客数、リピーター率、LTV、平均購入単価、再購入間隔といったデータをセグメントごとに確認できます。

以下の画面はECPowerの例で、アメリカ、イギリス、オーストラリア、カナダの国別に分析しています。アメリカは顧客数が少ないもののリピーター率が高く、LTVも高いため、今後は集客の予算をアメリカに振り分けるという意思決定ができます〔図表58-1〕。ほかにも、Facebook経由、X経由、Google検索経由などと初回購入のチャネル別に、各データを比較するのも有効です。(徳田)

国別のリピーター率やLTVの分析の例〔図表58-1〕

各指標から、力を入れるべき国を把握できる

> **まとめ**
> 日本の越境ECサイトを利用して、わざわざ海外から購入してくれる顧客は限られています。貴重な顧客の傾向をRFM分析で把握し、成果を最大化しましょう。

※2 LifeTimely
https://apps.shopify.com/lifetimely-lifetime-value-and-profit-analytics

※参考：著者によるYouTube動画
ECPowerを活用したShopify ECサイト分析 実践編
https://youtube.com/watch?v=Q6sbAZuynlY

59

クラファンを
越境ECの起爆剤に

海外の顧客リストがある状態でスタートダッシュを決める

> クラウドファンディングは在庫を持たずに販売できる
> ため、初めて海外で商品を販売するときの有効な手段
> となります。クラファンを実施後に自社越境ECを始め
> るなら、クラファンで得た情報をフル活用しましょう。

クラウドファンディングで得た顧客のデータを活用

次章のChapter 4では、海外クラウドファンディングの施策を解説
します。実際、「Kickstarter」などのプラットフォームを利用してクラ
ウドファンディングを実施した結果、「海外から自社商品を購入して
くれる人がいることが分かったので、これを機に本格的に越境ECに
挑戦したい」と考える人は多くいます。

自社越境ECサイトを開設するにしても、自社や商品の知名度が
まったくない状態よりも、クラウドファンディングで成功した実績や
顧客リストがある状態からスタートしたほうが、成功する可能性は
グンと上がります。そのためのポイントは以下の5つです。

①顧客リストを活用したユーザーインタビューの実施

②満足度向上、不安払拭のためのInstagram運用

③再購入の場としての越境ECサイト構築

④ワクワク感を盛り上げるためのメールマーケティングの実施

⑤類似オーディエンスを活用した広告運用

最初にターゲット顧客への理解度を高める

「①顧客リストを活用したユーザーインタビューの実施」は、クラウドファンディングをすでに実施している場合の、最大の利点である顧客リストを生かした施策です。

クラウドファンディングで支援してくれた人々は、海外では馴染みのない自社の商品に価値を感じ、購入を決断してくれた貴重な存在です。彼らにユーザーインタビューを依頼することは、Chapter 1でも述べた顧客の理解に直結し、越境ECサイトを構築する前の段階からターゲットとなる人々への理解度を高められます。

ただし、個人情報保護の関係上、Kickstarterにおける購入データの用途については、商品の発送を目的としたやりとりに限られています。それ以外の目的で個人情報を活用する場合は、購入者の承諾を得る必要があります。

支援者の満足度を高める情報をInstagramで発信

「②満足度向上、不安払拭のためのInstagram運用」は、既存顧客と新規顧客の両方に向けた施策となります。

まず、クラウドファンディングで支援してくれた人に「支援してよかった」と感じてもらうためのコンテンツを投稿します。例えば、返礼品が食品なら「製造工程や商品にまつわるブランドストーリーが分かる動画」や「その食品を使用したレシピが分かる動画」を投稿すると、商品が届くまでのワクワク感が支援者に醸成され、既存顧客の満足度向上につながります。

通常、Kickstarterから配信するメールには、商品に直接関係のない投稿はできませんが、商品の活用方法を紹介するInstagramの動画をシェアすれば、自然なかたちでアカウントの存在を支援者に知らせることができます。

ガジェットやツールを返礼品として提供している場合は、活用方法だけでなく、正しい使い方やケアの手順をリール動画で共有しましょう。商品の満足度を高めるには、正しい使用法を伝え、購入後に使われず放置されたり、誤った使い方で不満が生じたりしないよ

※参考：著者による YouTube 動画

海外クラウドファンディングの秘訣　kickstarter基礎編
https://www.youtube.com/watch?v=q7u0jSZD_TI

うにすることが重要です。支援者に商品の正しい使い方や楽しみ方を積極的に提供し、満足度を向上させましょう。

また、支援者に返礼品が届くタイミングで、SNSキャンペーンとしてInstagramアカウントのタグ付けを依頼しましょう。支援者以外の新規顧客がそれらの投稿を見つけることで、商品の信頼性向上と認知拡大が期待でき、購入前の不安を払拭できます。

一般的にECサイトでのレビュー取得率は6%前後とされているため、300人の支援者がいた場合、18人がInstagramでタグ付けを行ってくれる可能性があります。越境ECサイトのローンチ前にそれだけのタグ付け投稿があれば、十分によい状態といえます。

越境ECサイトに直接誘導するよりも記事への誘導が有効

「③再購入の場としての越境ECサイト構築」は、クラウドファンディングの支援者が「また購入したい」と思ったときのために、再び買える場所として越境ECサイトを位置付ける施策です。

ただし、Kickstarterなどのメールを通して「ここで再購入できます」と商品詳細ページなどに直接誘導するよりは、「ここでレシピを公開しています」などとブログのコンテンツページに誘導したほうが、より自然に見せ方になるはずです。施策②で述べたブランドストーリーやレシピの動画のほか、記事も用意して動画と文章の両方で情報を確認できるようにするのが理想的です。

さらに、返礼品の送付時に、自社越境ECサイトにアクセスするためのQRコードと初回購入割引クーポンを記載したショップカード、あるいは友達紹介カードを同梱し、再購入の動機付けをするのもよいでしょう。

メールマーケティングと広告でさらなる拡大を目指す

「④ワクワク感を盛り上げるためのメールマーケティングの実施」も、既存顧客（クラウドファンディングの支援者）と新規顧客の両方に価値を伝えるための施策になります。

まず、支援者に商品が届くまでの期間に製造工程やこだわり、食

べ物であれば美味しい食べ方、ツールであれば活用方法といったコンテンツを提供し、到着が待ち遠しい状態を作りましょう。さらに、Instagramや越境ECサイトのコンテンツとも連動させ、「買ってよかった」と思ってもらえる情報を継続的に発信します。

そして、Instagramのタグ付け投稿や商品の評判を知って訪問した新規ユーザー向けのメールを配信しましょう。Shopifyの場合、サイトオープン前のティザーサイトでもメールアドレスの取得ができます。会員登録してくれたユーザー向けのメールフローを用意するとよいでしょう。サイト公開後の「階段設計」についてはP.112を参照してください。

「⑤類似オーディエンスを活用した広告運用」は、Meta広告の類似オーディエンス(※1)を活用した施策です。支援者のメールアドレスをハッシュ化(※2)してMeta広告の管理画面にアップロードすることで、支援者と似た属性や興味関心を持つFacebookおよびInstagramのユーザーに広告を配信できます。

Meta広告のプラットフォームが備える機械学習が働くことで、顧客データが何もない状態で広告配信する場合に比べて、より商品に興味関心のあるユーザーにアプローチできます。(徳田)

> **まとめ**
> 海外クラウドファンディングで成功していることは、越境ECを進めるうえで有利です。クラファンの成功はゴールではなく、越境ECのスタートと捉えましょう。

※1 類似オーディエンス
基準となるオーディエンス(ソースオーディエンス)に類似した特徴を持つFacebook/Instagramユーザーを広告のターゲットにできる機能のこと。

※2 ハッシュ化
ハッシュ関数によって、元データを不規則な文字列に変換する処理のこと。

60
越境ECサイトから卸売につなげる

現地で自社商品を販売してくれる業者向けのページを用意

商品を購入してくれるのは個人の顧客だけではありません。現地のバイヤーがBtoB取引のオファーをすることもあります。その点を考慮して、自社越境ECサイトにBtoB取引用のページを準備しましょう。

BtoB卸売ページで海外のバイヤーと接点を持つ

越境ECサイトを運営していると、1,000〜2,000セッションに1件ほどのペースで、海外のバイヤーから「この商品を取り扱わせてほしい」というBtoB取引のオファーが入ることがあります。消費財のメーカーなど、海外でのBtoB取引を本格的に検討している場合は、サイト上に「BtoB卸売ページ」を用意しましょう。

BtoB取引用のページがあれば、潜在的に商品を仕入れたいと考えている海外のバイヤーが問い合わせしやすくなるほか、取引条件などについても明記できます。また、BtoB取引ページがあることは、営業成約率の向上にもつながります。一般的にBtoBプラットフォームでリードを獲得した場合、問い合わせ後の大口顧客化の割合は0.1〜0.6%ですが、自社越境ECサイト経由でリードを獲得した場合は、その10倍近くまで上がりました。

BtoB卸売ページには、海外のバイヤーが知りたい情報を網羅するほか、グローバルナビやフッターに導線を設けましょう。サイト構成としては、次ページの図のようなイメージです〔図表60-1〕。

サイト構成のイメージ〔図表 60-1〕

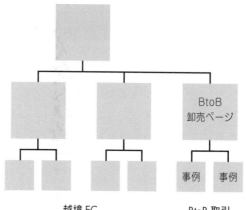

BtoB取引ページではバイヤーが知りたい情報を網羅

　BtoB卸売ページの成功事例を1つ紹介します。新潟県三条市に本社を構える刃物メーカーでは、海外への販路開拓の一環として、Shopifyで越境ECサイトを展開しています。

　サイト内には海外の一般消費者向けの販売だけでなく、BtoB卸売ページを設けて、BtoB取引のリードを獲得できるようにしています。このページには、海外のバイヤーが知りたいであろう、次のような情報を掲載しています。

- 自社について（なぜ自社の商品が選ばれているのか）
- 取引条件（最低発注ロットや最低発注料金）
- 商品例、商品イメージ
- 配送料について
- 取引の費用例
- 担当者の声
- よくある質問
- 問い合わせフォーム

なお、筆者は「BtoBのリードのみを獲得したい」という相談も多く受けますが、BtoB卸売に特化した検索ニーズは少ないため、推奨はしていません。ある企業では、越境ECサイトとは別にBtoBサイトを構築していましたが、BtoBサイト単体では集客が思うようにできず、結局、自社越境ECサイトにBtoB取引を検討している人向けの導線を設けて、BtoBサイトに送客していました。

卸先に店舗があるなら、商品を体験してもらうチャンス

　越境ECサイトにBtoB卸売ページを用意することで、海外で自社商品を販売する業者が増えると、「自社と顧客を取り合ってしまうのではないか？」と心配になるかもしれません。しかし、筆者の経験上では、卸先の店舗で実際の商品を見て購入したい顧客と、オンラインで公式サイトから購入したい顧客に分かれるので、あまり気にする必要はありません。

　むしろ、卸先の業者が店舗を持っているのであれば、自社越境ECサイトで紹介してあげましょう。実際に商品を見て、触れられる場所を顧客に伝えることは、結果的に海外での認知をさらに広げ、売上を最大化していくことにつながります。(徳田)

> BtoBの卸売も、越境ECの勝ちパターンの1つだね！

まとめ

越境ECでは、BtoB取引も有効な施策です。「売上を最大化するために、自社越境ECサイトでどういった役割を果たすべきか」という視点で考えてみましょう。

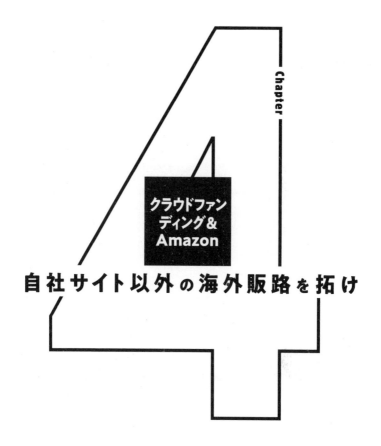

Chapter 4
クラウドファンディング & Amazon
自社サイト以外の海外販路を拓け

61

クラファンは
販路拡大の切り札

完全受注生産により在庫リスクを回避する

「クラウドファンディング」というと国内向けのイメージが強いですが、海外での販売にも適しています。まずは「Kickstarter」というサービスをベースにクラファンの仕組みを理解してください。

クラウドファンディングで世界に売る

「クラウドファンディング」(以下、クラファン)というと、多くの人は「資金集め」のイメージを持つのではないでしょうか。筆者がクラファンを活用して「日本製の商品を欧米に年間2億円以上販売している」と言ったら驚かれるかもしれません。

そもそも「クラファンで海外向けに商品を販売できるの?」と疑問を持つ人もいるでしょう。筆者の場合は毎月8～10個のプロジェクトをクラファンで公開し、日本の職人が手掛ける商品を世界へ販売する企業をサポートしています。

クラファンには特有の規約やプラットフォームの仕組み、世界観があり、その枠組みの中でプロジェクトを進行していかなければなりません。また、海外向けのクラファンにはいくつかのサービスがあり、それぞれに特徴が異なっています。

それらの中でも筆者が推奨するのは、「Kickstarter」[※1]という2009年にアメリカで発足したサービスです。まずはKickstarterをベースにクラファンの特徴を理解しましょう。

※1 Kickstarter (キックスターター)
https://www.kickstarter.com/

必要な数のみを生産して在庫リスクを解消

　商品を企画・製造するメーカーや企画会社にとって、在庫管理は常に頭を悩ませる課題です。通常、メーカーは企画を立て、販売予測を行い、商品を製造し、販売チャネルに流通させて、商品を販売します。しかし、市場での販売数を正確に予測することは容易ではありません。売れ残りや過剰在庫・在庫不足の発生は、ビジネス全体に大きな影響を与えます。

　そこで注目を集めているのが、クラファンを活用した商品販売手法です。なぜならクラファンは、このような在庫の悩みを解消する手段になり得るからです。

　クラファンでは、まず自社（起案者）が商品のサンプルを用意し、Web上で紹介して購入希望者（支援者）を募り、十分な購入者が集まった時点で必要な分だけ製造します。これにより、過剰在庫を抱えるリスクを回避できます。そしてプロジェクトが終了すると、売上金額と購入者数が確定する仕組みです〔図表61-1〕。

　Kickstarterでは次ページの画像のように、売上金額と購入者数を確認できます。九州のある畳メーカーが、外国人向けにイグサでヨガマットを作ることを目的としたプロジェクトで、45日間の公開期間で合計6,214,309円、326人からの支援が集まりました〔図表61-2〕。

クラウドファンディングの仕組み〔図表61-1〕

売上金額と購入者数を示す画面〔図表61-2〕

クラファンが生む新たな販売の可能性

　クラファンの特徴の1つが、購入者が前金で支払う点です。そのため、メーカーは商品の製造にかかる初期費用を負担せず、完全な受注生産で販売が行えます。この仕組みは、特に資金力が限られた中小メーカーにとって非常に魅力的です。

　日本では、この仕組みを大手のクラファン運営会社が「ゼロ次流通」(※2)として提唱し、メーカーが抱える在庫リスクを根本から解消するとしています。

　特に、2020年以降の新型コロナウイルスの影響により、小売店の販売力が低下した時期には、多くの日本企業がこのクラファンを利用して新たな販売チャネルを開拓しました。これにより、メーカーはリテーラーやディストリビューターに頼ることなく、直接消費者に商品を販売できるようになったのです。

　事例を1つ紹介しましょう。日本の伝統技術とモダンな快適性を融合した「Futon Pillow」プロジェクトがKickstarterで注目を集め、目標を大幅に上回る1,500万円以上の売上金額と、632人の購入者数を達成しました〔図表61-3〕。

　Futon Pillowは日本の伝統的な布団のデザインを取り入れつつ、現代のライフスタイルに適した快適性を備えた革新的な枕です。高品質な天然素材を使用し、日本の職人による精巧な仕上げが特徴で、環境に配慮した製造プロセスも評価されています。

※2　ゼロ次流通
株式会社マクアケの中山亮太郎氏が考案した、商品が市場で販売される前のテストマーケティングの場を指す。

Futon Pillowのプロジェクト〔図表 **61-3**〕

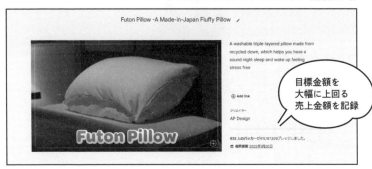

目標金額を大幅に上回る売上金額を記録

リスクを抑えた自由な商品企画と販売

　そして、クラファンの最大の魅力は、リスクを最小限に抑えながら、今までにない新商品を自由に企画・販売できることです。メーカーが自社で商品を企画・製造し、消費者に直接届けるプロセスが確立され、従来の流通構造を大きく変える動きとなっています。

　とはいえ、クラファンにも欠点があります。それは、購入者からの資金をもとに商品の製造を始めるため、商品が購入者の手元に届くまで一定の時間がかかる点です。一般的に、注文から商品が届くまでに約半年を必要とします。

　その代わり、クラファンで販売される商品は、通常の小売価格よりも5〜40%安く提供されることが多く、購入者にとっても魅力的な条件となっています。購入者の立場からすると、商品の到着が遅いというデメリットは、割引価格で購入できるというメリットと相殺されると考えることもできるでしょう。(中村)

> **まとめ**
> クラファンは、メーカーにとっては在庫リスクを解消し、購入者にとっては経済的なメリットを提供する、理想的な販売手法として広がりつつあります。

62

Kickstarterでは
独創性が必須

欧米に向けた「新しいアイデア」をプロジェクトに

アメリカでクラファンを始めたいと思ったら、
Kickstarterを活用することをおすすめします。購入
者の多くがアメリカに在住であるほか、日本のものづ
くりや伝統工芸品とも相性がよいためです。

購入者の約7割がアメリカに住んでいる

前節で述べたKickstarterは、世界最大級のクラウドファンディン
グプラットフォームであり、世界中のユーザーに利用されています
〔図表62-1〕。本社はアメリカのニューヨーク市にあり、特に欧米市場で
強い影響力を持っています。

筆者が手掛けたプロジェクトのデータを分析すると、購入者の約
7割がアメリカ在住です。残りの2割はイギリス、ドイツ、フランス
などのヨーロッパ諸国、1割はオーストラリア、ニュージーランド、
シンガポールといった地域が占めます。よって、Kickstarterは欧米市
場に挑戦するプラットフォームとして最適といえます。

また、Kickstarterは設立当初からクリエイティブなプロジェクトを
重視しており、アート、映画、音楽、デザイン、テクノロジーなど、
幅広い分野のプロジェクトが公開されています。そのため、日本の
ものづくりや伝統工芸をルーツとした商品との相性がよく、そうし
た商品を欧米市場向けの「新しいアイデア」として伝えるプロジェク
トにすると、成功しやすい感触があります。

Kickstarterの管理画面〔図表62-1〕

ページの制作や目標金額・公開期間などの設定が行える

プロジェクトの新規性と独創性を重視

　元来、Kickstarterは「創造性とクリエイティブなアイデアが社会に貢献する世界を作りたい」という使命を持って運営されているプラットフォームです。そのため、支援者とクリエイターを直接結ぶ仕組みがあり、誰もが自身の夢やプロジェクトを発表できます。

　一方で、Kickstarterには厳格なプロジェクト審査があります。他のプラットフォームで公開されたものと同一、または類似するプロジェクトは受け付けられず、「新しいアイデアであること」が必須条件です。この基準により、Kickstarterのプロジェクトは常に新しく独創的であると認識され、支援者からの信頼を獲得しています。

　さらに、Kickstarterはパブリック・ベネフィット・コーポレーション〈※1〉という企業形態を採用しており、収益の一部をクリエイター支援活動団体に寄付することを公約しています。こうした社会的責任を果たす姿勢も、世界中のユーザーから支持される理由の1つです。（中村）

> **まとめ**
>
> Kickstarterの購入者の7割がアメリカ在住者であるため、欧米市場で商品を売りたいときに最適です。ただし、独創性のあるプロジェクトであることが条件です。

※1　パブリック・ベネフィット・コーポレーション
「Public Benefit Corporation」（PBC）。公共利益を重視し、社会貢献を目的にした企業形態のこと。

63

2つの目的意識で クラファンは成功する

自社越境ECをテストしつつ先進的なファンを獲得

クラファンは在庫を持たずに販売できるので、テストマーケティングの場としても利用できます。また、クラファンを通してファンを獲得できれば、自社越境ECサイトに展開しても成功しやすいでしょう。

クラウドファンディングを活用した市場調査の魅力

クラファンの魅力として在庫リスクがないことを挙げましたが、主要な魅力はさらに2つあります。1つは海外、Kickstarterでいえば欧米市場で商品が本当に売れるかを試す、テストマーケティングの手段として有効であることです。

通常の商品生産では、販売予測をもとに色やサイズ別の個数を算出して生産します。しかし、海外市場をターゲットにした場合、その予測が非常に難しいことがあります。

そこでクラファンを活用すれば、購入者からレビューやコメントなどのフィードバックが得られるほか、色やサイズなど、特定のバリエーションが市場で支持されているかを数字として見ることが可能です。筆者は過去に、提灯の絵柄のバリエーションをクラファンで検証したことがありました〔図表63-1〕。

クラファンで得たデータをもとに、海外に人気のデザインや適切な価格設定について理解し、その結果を自社越境ECサイトに応用すれば、高利益率かつ中長期的な売上向上の期待が持てるでしょう。

提灯のプロジェクト〔図表 **63-1**〕

クラファンを通して、人気のデザインやサイズを把握できる

アーリーアダプターに発見されてファン拡大のきっかけに

　もう1つの魅力は、自社商品のファンになり得る外国人を獲得できることです。そうしたファンがSNSなどで自発的に情報発信し、さらにファンが拡大する可能性も生まれます。

　前述の通り、Kickstarterでは「新しいアイデア」を提案するプロジェクトであることが前提です。そのため、購入者は新しいものに敏感で、購買決定率(※1)の高いアーリーアダプター層であることが多くなります。彼らは商品の先進的なファンとして、購入後のクチコミ発信源としても大きな影響力を発揮するため、D2C戦略におけるファン層の拡大にもつながるのです。

　さらに購入者は、一般消費者だけでなく、海外のリテーラーやディストリビューターなどの企業が含まれる場合もあります。そうした企業の目に留まれば、BtoBでの海外取引のチャンスが広がることに直結するでしょう。筆者も実際に「ノベルティとしてまとまった個数を購入したい」という問い合わせを受けた事例もあり、クラファンの大きな魅力だと感じています。(中村)

> **まとめ**
> クラファンは新しいアイデアや商品を試すだけでなく、購買層やビジネスパートナーとの新たなつながりを生む効果的な手段として活用できます。

※1　購買決定率
店舗の来店者数に占める商品購入者の割合のこと。

64

公開前の準備は最低3ヵ月

準備が万全でなければ公開後の伸びも期待できない

> クラファンでは、プロジェクト公開前の準備が非常に重要です。プロジェクトの設定や、ページ制作、事前のファン集めを3ヵ月以上の時間をかけて、入念に準備していきましょう。

準備は3段階に分けて念入りに

クラファンでは「準備が9割」という言葉がよく使われます。これは、プロジェクトの成功を左右する要因の大半が、プロジェクトの「公開前」の準備にかかっていることを意味します。

プロジェクトの「公開後」に支援を集めるための施策は数多く存在しますが、それらはプロジェクトの準備が万全に整っていることで初めて効果を発揮します。準備が不十分だと、まるで穴の開いた袋のように支援を集めにくくなる可能性があります。

筆者としては、準備期間として最低でも3ヵ月を設けることを推奨しています。Kickstarterで過去に実施したプロジェクトの経験からも、準備期間が短い場合の成功事例は少なく、時には半年以上をかけて入念に準備したこともあります。

次ページの図は、プロジェクトの準備から終了までのフローを表したものです〔図表64-1〕。このうちの「プロジェクトの設定」「ページ制作」「事前のファン集め」の3つが準備期間にあたり、各段階で入念な計画と実行が求められます。

準備期間は3カ月を目安に〔図表 **64-1**〕

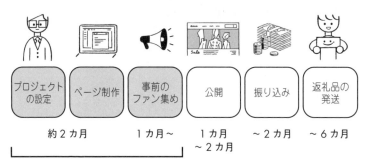

プロジェクト公開前にファンを獲得

　準備の各段階について、意識すべきことを見ていきましょう。まずプロジェクトの設定では、基本情報として「目標金額」「公開期間」「リターンの納期」を明確にします。これらの設定は一度公開すると変更できないため、慎重な計画が求められます。

　ページ制作では、商品の魅力を最大限に伝えるために、画像、動画、テキスト、GIFアニメーションなどを効果的に組み合わせて、訴求力の高いページに仕上げることが重要です。特に海外市場では、視覚的な情報の重要性が高いため、動画を効果的に活用し、情報を分かりやすく伝える工夫が必要になります。次ページの画面は、プロジェクトのページ冒頭に動画を配置した例です〔図表 **64-2**〕。

　そして事前のファン集めでは、プロジェクトの公開前にティザーページを作成し、見込み客の登録を促します。見込み客を多く集めて公開初日に購入してもらうことで、プロジェクトのスタートダッシュをかけることができます。

　さらに、数を集めるだけでなく、購入意欲の高い層をターゲットにした施策を行うことで、購入率を高められます。ファン集めに十分な時間をかけることが、プロジェクト成功の鍵です。（中村）

最上部で動画再生ができるページ構成〔図表 **64-2**〕

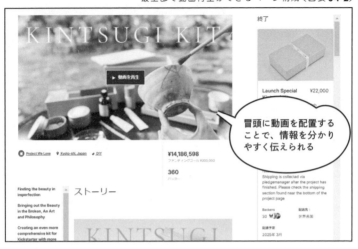

冒頭に動画を配置することで、情報を分かりやすく伝えられる

プロジェクト公開前にファンを集めて、公開初日に購入してもらう流れが理想だね

> **まとめ**
> クラウドファンディングの成功には、準備段階でどれだけ工夫と時間を費やすかが決定的な要因となります。入念な計画と実行が成功への近道といえるでしょう。

65

差別化しつつ 幅広く対応せよ

独創性のある商品を多様な人と国にアピールする

Kickstarterでは毎日多くのプロジェクトが公開されています。自社商品が選ばれるために、送料を考慮した価格設定や「高くても買いたい」と思わせるページ設計を意識してください。

送料で高く見えがちな価格に勝る魅力を伝える

Kickstarterでは、毎日100以上の新規プロジェクトが世界中から公開されています。その中で自社のプロジェクトの商品がユーザーに選ばれるためには、明確かつ効果的な差別化が不可欠です。

最初にユーザーに表示される情報はサムネイル画像、キャッチコピー、短い動画です。動画の視聴時間が数秒程度に限られることを考慮し、開始10秒以内に商品の魅力を端的に伝えましょう。

そして、価格が重要な比較項目になります。海外のプロジェクトは送料が安いことが多いため、商品価格と送料を合計した金額では、日本の商品のほうが割高に感じられがちです。そのため、ひと目で他の商品との違いが分かる視覚情報での差別化が必要です。

また、価格が高くても購入したいと思わせる独創性のある魅力を、商品に持たせることもポイントになります。例えば、日本の伝統技術を駆使した商品で、見た目にも職人の手仕事が感じられるものであれば、「人の手で作られているから工場生産品よりも価格が高いのだな」という価値を感じてもらいやすくなります。

4

クラウドファンディング&Amazon

職人の手仕事が感じられる商品例〔図表 **65-1**〕

伝統工芸品や職人の手作りなどの「日本らしい」商品が人気

　上記は筆者が支援した、柔道着メーカーによるTシャツのプロジェクトです〔図表65-1〕。柔道着で培われた縫製技術で作られ、日本らしい見た目が刺し子生地で表現されているという他にはない魅力をアピールし、海外のユーザーに人気となりました。

機能やサイズの工夫でターゲットを広く設定

　海外クラファンのプロジェクトでは、ターゲットを広く設定することも成功の鍵になります。

　例えばアパレル商品であれば、男女ともに使えるユニセックスなサイズ展開を行うとよいでしょう。海外商品では合計8サイズを提供しているプロジェクトもあるので、少なくとも4サイズ、特にLサイズ以上のラインアップを揃えることを推奨します。次ページのプロジェクトでは機能や色、サイズなどをアイコンで表現し、ひと目で理解できるようにしています〔図表65-2〕。

　また、キッチン用品であれば、食器洗い乾燥機（食洗機）対応やIH対応など、幅広いユーザーが利用できる仕様にし、それを分かりやすく伝えることで、より多くの支持を得られます。

　さらに、発送対象国は可能な限り広く設定するとよいでしょう。これは次節でも言及する、クラファンのアルゴリズムにもよい影響を与えます。「全世界配送可能」と設定するとともに、プロジェクトのページ内で具体的な発送対象国を記載します。プロジェクト終了

後に詳細な対応を行う方法も有効です。

　ただし、輸出規制に該当しやすい天然素材や食品、武器とみなされるもの、もしくはサイズが非常に大きく輸送手段が限られるような商品には注意が必要です。(中村)

可能な利用方法を画像で伝える〔図表**65-2**〕

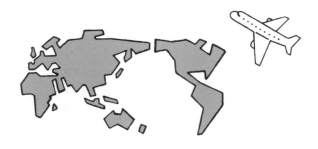

> **まとめ**
> 差別化の視点を商品設計に取り入れ、ユーザーに明確な価値を伝えることで、海外クラウドファンディング市場での成功に近づくことができます。

66

目標金額40%以上を初日で目指せ

クラファンの勝敗はスタートダッシュで決まる

> Kickstarterではプロジェクト公開初日の指標がよい
> と、人気プロジェクトとして認識されます。人気プロ
> ジェクトになるには、どのような施策が適しているの
> でしょうか？ 効果的な2つの施策を紹介します。

「人気プロジェクト」としての露出につなげる

　Kickstarterで公開される多数のプロジェクトの中で目立つ場所に
表示されるには、プラットフォームのアルゴリズムに「人気プロジェ
クト」として認識されることが極めて重要になります。

　このアルゴリズムでは、プロジェクト公開後から1日以内の指標が
重視されるといわれており、指標には支援額、バッカー数 (購入者数)、
達成率、アクセス数、CVRなどが含まれます。次ページの図は、あ
る成功したプロジェクトにおける支援額の月別推移を表したものです
が、公開初月に圧倒的な支援額を集めていることが分かると思い
ます (図表66-1)。

　筆者の経験上、人気プロジェクトへの選出を狙うとともに、目標金
額のうち40〜60%を公開初日に達成できるように計画することが成
功の秘訣です。そのためには以下の2つの施策を意識しましょう。

①公開前から見込み客を集めておき、公開初日の購入を促す

②公開初日に集中してプロモーションを実施する

成功したプロジェクトの支援額の推移〔図表 66-1〕

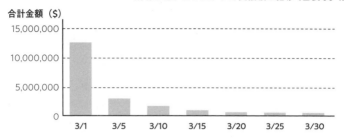

プレページのフォロワーを増やして初日の購入を促す

　①の施策で重要になるのが「プレローンチページ」です。略して「プレページ」とも呼びますが、これはプロジェクト公開前の事前告知を目的として立ち上げるページのことを指します。

　Kickstarterのプレローンチページは、プラットフォームが提供するものを活用する方法と、独自ドメインで専用のページを作成する方法の2つがあります。どちらを選ぶかは、プレローンチの成功度をどれだけ高めたいかによって決まります。前者の場合は以下のイメージになります〔図表66-2〕。

　Kickstarterが提供するプレローンチページは、プロジェクトが審査を通過した後、管理画面上で公開できるようになります。このページを公開すると、事前にフォロワーを集めることが可能になり、ローンチ初日の支援を増やすための重要な準備となります。ユーザーにプレページを知ってもらい、プロジェクトを「フォロー」してもらえれば、公開初日に通知されて購入を促すことが可能になります。

Kickstarterのプレページ〔図表 66-2〕

一方、自社のメールマガジン(※1)を登録してもらい、その登録者の中で購入してくれた人に特典を提供するキャンペーンなどを実施したい場合には、自社でプレページを作成するとよいでしょう。デポジットを預けてくれたユーザーには、大幅な割引を提供するなどのキャンペーンも想定できます。

ただし、自社の登録ユーザーのうち、プラットフォームのアカウントをすでに保有しているかどうかが、公開初日の購入率に大きく影響することを覚えておいてください。例えば、Kickstarterのアカウントがない人は、公開初日にまずアカウントを作成する必要があるため、購入まで至らない可能性が高まります。アカウント保有者を見込み客として効率よく集めることが大切です。

外部のプロモーションツールも活用

Kickstarterの管理画面ではタグ(※2)を簡単に発行できます。PR活動時にタグを活用することで、管理画面上でその効果を測定し、どの施策がどれだけのトラフィックや支援につながったのか分析できます。外部のPR会社を活用する場合はタグを共有するか、Kickstarterの管理画面からタグを発行できる権限をPR会社に付与する必要があります。これにより、PR会社が直接データを確認し、より効果的なプロモーション戦略を立てられます。

特に高額な資金調達を目指す場合、ニュースレター配信を専門とする事業者やMeta広告の運用会社と連携することが効果的な手段です。これらのパートナーと協力することで、ターゲット層への認知を効率的に拡大し、プロジェクトへの関心を高めることが可能になります。そのため、適切な事業者との連携を積極的に検討してください。(中村)

> **まとめ**
>
> 注目プロジェクトに入れるかどうかは、初日のスタートダッシュが影響します。公開前に、初日の各種指標を上げる施策を実施して、プロジェクトを成功させましょう。

※1 メールマガジン
筆者(PeakJapan)が配信しているメールマガジン
https://www.bestofjapanprojects.com/

※2 パラメータ
カスタム参照元タグのこと。購入者がプロジェクトの詳細ページにアクセスした経路や、特定のリンクからプロジェクトの支援につながった数を確認できる。

67

クラファンの告知は
ニュースレターが定番

商品にマッチした会員を抱える配信事業者を選ぶ

> プロジェクトの告知にニュースレターを活用してみましょう。海外でニュースレターは一般的であり、さまざまな事業者が存在します。自社商品に適したニュースレター事業者を選んでください。

プロジェクトのプレページの告知方法として最適

　海外クラファンでは、プロジェクトの支援額を増やすことを目的に、多くの事業者が多様なサービスやツールを提供しています。その中でもニュースレターは一般的なサービスで、前節で述べたプレページの告知方法として最適です。

　ニュースレターの各事業者はそれぞれ会員を保有しており、配信料を支払うことで自社のプロジェクトを支援してもらえます。配信コストは会員数に応じて異なり、会員の属性も多岐にわたります。ガジェット好きからゲーム愛好者まで、さまざまなターゲットに向けてプロジェクトの情報を届けられます。

　ただし、会員数が多いニュースレターでも、プロジェクトの商品とターゲットの属性があわない場合は、購入につながらないことがあります。そのため、複数の事業者を試し、どのニュースレターが自社の商品と最も相性がよいかを見極めることが重要です。

　筆者も利用したことがある代表的なニュースレター事業者を次ページで紹介するので、参考にしてください。

4

クラウドファンディング＆Amazon

BackerCrew

Kickstarter向けのニュースレターを提供するアメリカの企業です。審査通過後、共有・専用ニュースレターや特集ページでのPRが可能で、資金提供保証もあります。

NEWBACKER

KickstarterとIndiegogo向けのニュースレター配信サービスです。44万人の会員にプロジェクトを告知できます。掲載には審査があり、料金は個別相談となっています。

BackerMany

クラウドファンディング向けのコミュニティです。革新的なプロジェクトを紹介し、支援者へ最新情報を届けるプラットフォームとして運営されています。

BackerSpaces

10万人以上のバッカーを持つキャンペーン支援プラットフォームです〔図表67-1〕。投資収益率3〜30倍を目標とし、優先配置でプロモーションを強化できます。

Backerspacesのニュースレター設定画面〔図表67-1〕

クリエイティブチェックは原則不可

多くのニュースレター事業者では、配信前のクリエイティブチェックができない点に注意してください。日本的な感覚では、自社が素材を用意して入稿するイメージがありますが、実際にはクラファンのプラットフォームに公開された素材を使用して、事業社側がクリエイティブを制作・配信することになります。配信後であっ

ても、クリエイティブを確認できないケースも少なくありません。

とはいえ、ニュースレターの効果はクラファンのプラットフォームで確認できます。また効果測定の設定も各事業者が行ってくれるので、獲得した支援額は問題なく把握できます。

ニュースレターの配信費については、売上が一定額に達しない場合に返金保証を提供する事業者も多くあります。ただし、一部の事業者では、ターゲットの属性や期待される効果によって配信を断られるケースがあるため、事前に相談が必要です。

加えて、原則としてクレジットカードによる外貨決済となるため、円高の際にはプロモーションコストが割安に、反対に円安の際は割高になることも覚えておいてください。

また、海外の1億円以上の高額プロジェクトでは、複数の事業者を活用していることも多くあります〔図表67-2〕。それぞれの事業者の特徴を理解したうえで、最適な事業者を選んでください。（中村）

複数の事業者を利用する例〔図表**67-2**〕

まとめ

ニュースレターは海外では一般的な施策です。自社の商材とマッチするターゲットを保有する事業者を探して、プロジェクトを効果的に告知しましょう。

68

初訪ユーザーは テキストを読まない

1スクロール目の画像や動画でベネフィットを伝える

> どんなによいプロジェクトを公開したとしても、ユーザーの目に留まらなければ購入にはつながりません。初訪ユーザーが詳細ページにアクセスしたくなるような、ページ設計のコツを紹介します。

膨大なプロジェクトの中から興味を持ってもらうには？

クラファンのオーガニックユーザー、すなわちトップページや検索エンジンなどから自然に流入してきたユーザーは、プロジェクトの一覧に表示されるメイン画像やマウスオーバー時に流れる動画、そしてキャッチコピーといった限られた情報から、プロジェクトの詳細ページにアクセスするかどうかを判断します。

毎日100以上のプロジェクトが公開される中で興味を持ってもらうには、ユーザーが詳細ページを訪れたときに目にする「1スクロール目」が極めて重要です〔図表68-1〕。1スクロール目でプロジェクトの概要や特徴、ベネフィット(※1)を伝え、ユーザーの心をつかむ必要があります。ここで興味を引けなければ、ユーザーはそのままページを離脱しまいます。

また、初めて訪れたユーザーが、プロジェクトを説明するテキストをじっくり読むことはないと考えてください。画像や動画などの視覚的な情報として、ユーザーのインサイト(※2)と商品のベネフィットをつなぎ合わせたコンテンツを配置すべきです。

※1　ベネフィット
顧客が商品やサービスを利用することによって得られる利益や恩恵のこと。

※2　インサイト
顧客や消費者が持つ購買行動の根拠や動機のこと。

1スクロール目で情報を伝える〔図表 **68-1**〕

ユーザーがすぐ目にする場所にビジュアル要素を配置する

詳細ページへのアクセスの半数が動画を視聴している

　プロジェクトの詳細ページにテキストで書かれた詳細情報をしっかり読み込むのは、購入を検討しているユーザーに限られます。初めて訪れたユーザーは、ページをざっと流し読みし、その後に価格をチェックする傾向があります。

　また、海外クラファンではプロジェクト公開中のキャンセルが可能なため、仮購入というかたちでいったん商品を確保する動きがよく見られます。仮購入者からは、詳細ページのテキストで説明されていることについて後から質問が寄せられることも多く、筆者としてもテキストはあまり読まれていないという実感があります。

　一方で、筆者の支援するプロジェクトでは、詳細ページへのアクセス数に対する動画の再生率が50%を超えていることがほとんどです。いかに動画が重要かが分かると思います。

　動画の内容としては、プロジェクト全体を伝えても3分以内に収めるようにし、英語のナレーションを必ず入れるようにしましょう。移動中や作業中でも、ユーザーがプロジェクトの情報を理解できるようにすることを心掛けてください。（中村）

> **まとめ**
> 1スクロール目でユーザーに興味を持たせるページ構成にしましょう。商品を魅力的に伝えるためには、視覚的要素を重視してコンテンツを作成します。

69

目標金額30万円、期間45日が目安

あえて目標金額を抑えることで高い達成率を狙う

> クラファンの特徴の1つが目標金額や公開期間を設定できることです。目標金額や期間の最適解を理解しましょう。Kickstarterでは公開後に目標金額や期間の変更ができないので、最初が肝心です。

達成率が高いプロジェクトは表示面で優遇される

Kickstarterの仕様では、プロジェクトの公開後に「目標金額」「公開期間」「リターン」の設定項目は変更できないようになっています。Kickstarterは「All or Nothing」、すなわち「目標金額が未達成のプロジェクトは無効」の方式を採用しているため、特に目標金額の設定はプロジェクトの成否に大きく影響します。

目標金額について、筆者は特別な事情がない限り、20～30万円に設定するようにしています。少ないと思われるかもしれませんが、これは達成率が高くなるようにするための工夫です。例えば、目標金額を30万円にして300万円の支援額が集まれば、達成率は「1000%」になります。達成率が高いプロジェクトは注目を集めやすく、オーガニックユーザーの関心を引きやすいのです。

実際、Kickstarterのアルゴリズムには、達成率が高いプロジェクトほど優遇して表示する傾向があります。クラファンの成否に関わらず商品化が決定している場合は、あえて目標金額を抑えることも1つの戦略といえるでしょう。

公開期間はその後の一般販売まで考慮して決める

　とはいえ、目標金額は生産ロット数などの制約から考えるのが前提です。また、製造に必要なコストに加え、クラファンのプラットフォームに支払う手数料なども含めたうえで、妥当な金額を算出する必要があります。加えて、目標金額が低すぎると、ユーザーに不信感を与える可能性があることも意識してください。

　プロジェクトの公開期間については30〜60日間を推奨しており、筆者はデフォルトで45日間に設定しています。クラファンを終了した後の、一般販売のスケジュールまで考慮して決定するのがよいでしょう。目標金額と公開期間は、プロジェクトの詳細ページに以下のように表示されます〔図表69-1〕。

　プロジェクト公開前の準備を入念に行い、公開後のスタートダッシュがうまく決まると、Kickstarterのアルゴリズムによってプロジェクトが目立つ位置に表示され、初日で目標金額の大半を達成できる可能性が高まります。その勢いで目標金額の達成率が上がっていけば、公開期間の中盤に起こりがちな「中だるみ」現象も回避しやすくなるでしょう。（中村）

プロジェクトの目標金額と公開期間〔図表69-1〕

まとめ
公開したら変更できない目標金額や公開期間は、プロジェクトの成否を左右する重要な項目です。製造費や経費も考慮したうえで、成功しやすい値を設定しましょう。

70

決済・発送まで気を抜くな

発送に必要な個人情報は別途回収する必要がある

> クラファンが終了したからといって、安心するのは早いです。決済できなかったり、発送に必要な情報が回収できなかったりするためです。サーベイツールを利用して、個人情報を確実に入力してもらいましょう。

プラットフォーム側には個人情報が保存されない

目標金額を達成してクラファンが無事に終了すると、購入者のクレジットカード情報に基づいて決済が実行されます。しかし、クレジットカードの有効期限切れや不正カードの使用などにより、決済できないユーザーが平均して5〜7%ほど発生します。

決済できなかったユーザーには、Kickstarterなどのプラットフォームから7〜10日間にわたって再決済の通知が送られます。最終的に決済が完了した購入金額から、プラットフォーム手数料が差し引かれた後、自社＝プロジェクト実行者へ支援額が振り込まれます。振り込みは決済完了後のおおむね18営業日後となります。

続いて商品の発送ですが、海外クラファンでは購入者の個人情報（住所、電話番号、フルネーム、郵便番号）がプラットフォームのサーバーに保存されていません。発送に必要な情報は、プラットフォームが提供する個人情報回収用のフォームであるサーベイツールを利用して、自社で回収することになります。次ページの画面はKickstarterのサーベイツールです〔図表70-1〕。

Kickstarterのサーベイツール〔図表 **70-1**〕

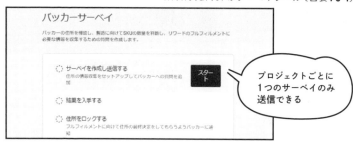

想定外の時間がかかる場合は購入者にこまめに報告

　サーベイツールを利用しても、購入者が期日までに個人情報の入力を完了しないケースもあります。その場合はリマインドを繰り返し、決済がすでに完了していることを確認したうえで、必ず情報を回収して商品を発送できるようにしましょう。情報が揃い次第、発送方法を選んで海外への出荷準備を進めます。

　発送方法には日本郵政やクーリエ便(※1)などがあり、それぞれ配達完了までの期間や費用が異なります。プロジェクトで明記した期日から逆算して、最も適切な方法を選びましょう。

　発送方法によっては、受取人の不在や引っ越しなどで配達が完了しなかった場合、商品が返送され、その際の費用が発送者側に請求されることがあります。購入者が提供した個人情報をもとに配送しても、全体の数％の割合で受け取られないケースがあるため、その点にも注意が必要です。

　また、商品の製造や発送準備に想定以上の時間がかかってしまう場合には、プラットフォームのアップデート(活動報告)機能を利用し、リターンの進捗状況をこまめに報告してください。購入者に安心感を与え、自社のプロジェクトへの信頼を高められるはずです。　(中村)

> **まとめ**
> プロジェクト終了後の流れを確認してください。支援金の受け取りや購入者の個人情報の収集、商品の発送など、必要な作業を確実に行います。

※1　クーリエ便
小口の荷物を海外発送できる「国際宅配便」のこと。民間事業者が提供する配送サービスの1種。

71
配送トラブルや
キャンセルへの対処法

クラファンで起こり得る不測の事態に備える

クラファンでは配送トラブルやキャンセル、規約違反
などが起きる場合があります。事前に配送経路や食品
のルールを確認したり、コメントへの誠実な対応を心
掛けたりしてトラブルを防ぎましょう。

配送のルートや保険、輸出規制などに注意

　海外の配送業者は日本の業者に比べて、商品の扱いが手荒になる
ことがあります。また、例えば船便でアメリカへ輸送する場合には、
赤道付近を通過するため湿度や気温が高くなり、革製品などが損傷
を受けることがあります。湿気や熱に弱い商品は、船便の利用を避
けるようにしてください。

　購入者から損傷した商品の写真とともに、再配送のリクエストが
届くケースもあり、当然ながら対応が必要です。配送業者によって
は保険加入が義務付けられている場合がありますが、配送方法や商
品の価格によって保証内容が異なることがあるので、あらかじめ確
認しておきましょう。壊れやすい陶器や家電製品などは、保険に加
入することを強くおすすめします。

　また、食品は各国でルールが異なります。例えば、イギリスやウ
クライナでは、個人間でのハチミツの輸出が禁止されています。こ
うした規制は事前に調査しておき、プロジェクトのページに説明を
加えるとともに対象国を除外しましょう〔図表**71-1**〕。

ニホンミツバチのハチミツのプロジェクト〔図表71-1〕

プロジェクト公開前に輸出ルールを確認する

誠実なプロジェクト運営でキャンセルや規約違反を防ぐ

クラウドファンディングの公開期間中、購入者は原則としてキャンセルが可能です。購入者はプロジェクトに寄せられたコメントや、それに対するプロジェクト実行者の返信に敏感に反応します。

特に、事実と異なる情報がコメントとして投稿され、その対応が不適切である場合、他の購入者からのキャンセルが増加することがあります。コメントには迅速かつ丁寧に対応し、誠実に対応することを心掛けてください。

さらに、あまりないことではありますが、クラファンのプラットフォームが定める規約に違反しているのにも関わらず、プロジェクトが審査を通過してしまうことがあります。これに気付かずに公開し、期間中に規約違反が判明した場合、その時点でプロジェクトは強制的に中止されます。例えば、クラファンと並行して商品の一般販売を開始するなどの行為が該当します。

規約違反が発覚すると、すでに集まった支援金はすべて無効となるため、プロジェクト実行者は規約に従って運営を行う必要があります。規約違反は購入者の通報で発覚することもあるため、誠実なプロジェクト運営が求められます。(中村)

> **まとめ**
> 海外のクラウドファンディングでは、予期しないトラブルが発生することもあります。トラブルの事例を知っておくことで、適切な対応が可能になります。

72

海外Amazonのメリットは盛りだくさん

「市場規模が大きい」だけではない複数の魅力がある

自社越境ECサイトの構築やクラファンは難しいが、海外で商品を販売してみたいという場合、海外Amazonがおすすめです。特に、アメリカをターゲット国にするなら、Amazonは最適だといえます。

アメリカAmazonの売上規模は日本の10倍以上

「Amazonは世界最大のeコマースプラットフォームである」と聞いて、疑いを持つ人は少ないのではないでしょうか。実際その通りで、アメリカや欧州の海外Amazonで販売するメリットに「市場規模が大きい」ことが挙げられます。

Amazonは全世界において3億人のカスタマーアカウントを抱えており、特にアメリカではオンラインショッピングの定番プラットフォームとして、EC市場の4割近くのシェアを占めています[図表72-1][※1]。また、アメリカのAmazon (Amazon.com) の売上規模は日本のAmazon (Amazon.co.jp) の10倍以上であり、イギリス (Amazon.uk) やドイツ (Amazon.de) も日本より規模が大きいです[※2]。

一方、海外Amazonのメリットとして「参入障壁が低い」「多国間に展開できる」「低単価の商品でも販売しやすい」「海外BtoBの受注にもつながる」と聞くと、疑いを持つ人もいるかもしれません。しかし、実はこれらのメリットも本当なのです。本節からしばらく、海外Amazonに挑戦するための"打ち手"を紹介していきます。

※1 【D2C・EC業界動向】アメリカEC市場の戦略から学ぶ今後の日本市場のポイント | ECマーケター by 株式会社いつも
https://itsumo365.co.jp/blog/post-7816/

※2 アマゾンドットコムの地域別売上の実情をさぐる（2021年時点最新版）| Yahoo!ニュース（エキスパート：不破雷蔵氏）
https://news.yahoo.co.jp/expert/articles/b36bdc061b17e3aa8d88c2b1b9849ffdb7cc103d

Amazonの売上シェアと市場規模〔図表**72-1**〕

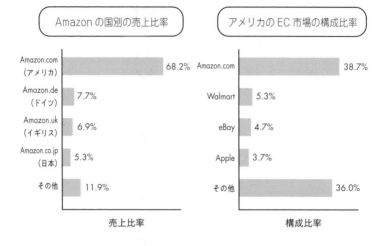

アカウントの作成と商品の登録だけで始められる

　海外Amazonでの販売は「参入障壁が低い」と述べましたが、出品用アカウントである「Seller Central」のアカウントを作成して商品を登録するだけで、すぐに開始できます。月額費用も大口出品で月額39.99ドルと、支払いやすい価格です。

　また、「Fulfillment by Amazon」(FBA)(※3)を利用すれば、在庫の発送などもAmazonに任せることができるため、初めての海外進出でもハードルが低く感じられるでしょう。FBAの詳細についてはP.250を参照してください。

　さらに、海外Amazonは北米をはじめ、欧州、アジアなど、複数の国と地域で展開されています。販売者はこれらの市場に現地法人を仲介せず、日本から出店が可能です。管理画面も全世界で共通しており、アルゴリズムも同じなので、オペレーションやマーケティングも全世界共通の概念となっています〔図表**72-2**〕。

　そのため、最も競争が激しいアメリカAmazonで成功できれば、欧州やアジアといった世界中のAmazonへの横展開が可能になります。これが「多国間に展開できる」の理由です。

※3　FBA
販売者がAmazonの倉庫に商品を預けることで、
物流業務をAmazonが代行するサービスのこと。

管理画面で国を管理する画面の例〔図表 72-2〕

送料を抑える工夫で低単価の商品でもビジネスができる

　日本からアメリカに商品を発送すると、通常であれば3,000～4,000円以上の送料がかかります。そのため、自社越境ECサイトの場合、低価格の商品は販売しづらいと考えがちです。

　一方、海外Amazonの場合、前述のFBAを活用して商品をまとめて現地の倉庫に送り、そこから商品を発送できるため、商品1個当たりの送料を安くできます。そのため、単価が10～50ドルほどの低価格な商品を販売しても、十分にビジネスとして成立します。実は「低単価の商品でも販売しやすい」のです。

　ただし、Amazonでは価格競争が重視されるため、競合の商品単価の相場と比べて価格が著しく高くなってしまうと、Amazon内での検索順位を上げることが難しくなります。競合と比べて価格がかなり高い場合や高単価の商品の場合は、自社越境ECサイトやクラファンの活用を推奨します。

　最後の「海外BtoBの受注にもつながる」ですが、海外Amazonの販売実績が海外のバイヤーやディストリビューターの目に留まり、オフラインでのBtoB受注につながる可能性があります。筆者も海外Amazonでの実績を見た海外のバイヤーから引き合いがあり、40カ国で代理店網を構築することができました。（森田）

> **まとめ**
> 自社越境ECサイトでの販売のハードルが高い場合は、海外Amazonを試してみるのがおすすめです。アカウントの作成と、商品を登録するだけで販売を始められます。

73

海外Amazon販売前の
7つの準備

認証の取得や商標登録、保険加入などの手続きを行う

海外Amazonは、アカウントを作成して商品を登録するだけで販売を開始できますが、販売前に準備すべきことが少なくとも7点あります。まずは、商品が現地で販売可能であるかをチェックしてみましょう。

海外Amazon成功の鍵は販売前の準備

前節では海外Amazonのメリットを説明しましたが、注意すべき点もあります。最低限、次の7点についての準備が必要です。

①販売可能な商品かの調査

②商品に応じた認証の取得

③通関時に必要な書類の確認

④海外商標の取得

⑤海外PL保険への加入

⑥銀行口座の開設

⑦現地インポーターの手配

まず①ですが、その商品が現地の法規制で販売可能な商品であることを確認します。特定の食品や化粧品、電子機器、おもちゃなどには、国ごとに異なる規制が存在します。Amazonの販売ポリシーや各国の規制を確認してください。

「②商品に応じた認証の取得」では、まず必要な認証や適合規格を確認します。詳細は現地の規制当局のサイトやAmazonのガイドラインを参照する必要がありますが、代表例を次に紹介します。

電化製品・電子機器は、多くの国で電気製品に対する安全基準が設けられています。例えば、アメリカではUL規格[※1]の認証が求められる場合が多く、EU諸国ではCEマークが必須です。

食品・飲料を輸出する場合は、FDA（米国食品医薬品局）や、EUでの規制基準に沿ったラベル表示、成分分析などの認証が必要です。また、賞味期限の記載も求められるため、ラベルやパッケージを事前に確認しておきましょう。

化粧品はアメリカではFDA、EUではCosmetics Regulationに基づいた成分規制が存在します。製造元から成分証明書を取得し、輸入国の基準に適合していることを確認してください。また規制とは別に、Amazonでは最新の「安全データシート」の提出が必要です。

おもちゃは安全性が重要視されるため、CPSIA（米国消費者製品安全改善法）やEUのEN71規格などが求められる場合があります。

商品配送や自社ブランド保護のための準備も必須

「③通関時に必要な書類の確認」については、主なものではペンやインク、化学用品ではTSCAフォームが、木材を使用した商品ではレイシーフォームが求められます。

また、通関時の書類不備は配送の遅れや商品の返送につながるため、事前に準備を整えておくことが大切です。クーリエ便や発送代行業者などの最新情報を収集し、スムーズに販売開始ができる状態にしておきましょう。

「④海外商標の取得」は、模倣品から自社ブランドを守るために非常に重要です。海外で商標を登録することは、自社ブランドの信頼性を高めるだけでなく、Amazonブランド登録（Brand Registry）を利用するための要件も満たせます。

商標取得時には、まずブランド名やロゴが他者により登録済みでないかを調査します。アメリカの場合はUSPTO[※2]など、各国の商標

※1　UL規格
アメリカ保険業者安全試験所（Underwriters Laboratories Inc.）が定めている、商品の安全性を認証する規格。

※2　USPTO
「United States Patent and Trademark Office」（米国特許商標庁）の略。
https://www.uspto.gov/

データベースを利用しましょう。次に、現地の商標登録機関に出願します。手続きには専門的な知識が必要な場合があるため、弁理士や商標専門の代理人への依頼も検討してください。

商標登録が完了したら、その証明書を用いてAmazonブランド登録を申請します。ブランド登録を行うことで、出品内容の保護やブランド分析ツールの活用が可能となります。商標登録には時間がかかるため、商品販売の数カ月前に申請を開始することを推奨します。

なお、日本のAmazonでブランド登録をしていれば、現地での商標登録がなくても、海外のAmazonでブランド権限を付与することで登録が可能であることも覚えておいてください。

アカウント停止リスクや収益受取に備え、現地の輸入者も手配

「⑤海外PL保険への加入」については、Amazonアカウントの停止や訴訟のリスクがあるため推奨します。本書執筆時点では、アメリカのAmazonでの販売において、月間売上が1万ドルを超えるとPL保険の証書の提出を求められ、1カ月以内に提出しない場合はアカウントを停止される恐れがあります。

「⑥銀行口座の開設」は、収益を受け取るために必要な手続きです。「Wise」《※3》や「Payoneer」《※4》などのサービスを利用することで、現地口座と同様の受け取り環境を構築できます。

最後の「⑦現地インポーターの手配」は、FBAで納品している国ごとに必要です。「○○ Amazon インポーター」（○○は国名）などのキーワードで検索すると、Amazonの輸入代行を行う企業を見つけられます。その後、航空便または船便を利用してFBA倉庫に納品し、実際の販売を開始します。航空便は輸送レートが高いため、輸送会社に費用の事前交渉を行うとよいでしょう。（森田）

> **まとめ**
> 海外Amazonでの販売において、最優先で準備することは商品が販売できるかの調査です。販売可能であることが分かったら、本節で解説した準備を行いましょう。

※3　Wise（旧：TransferWise）
https://wise.com/

※4　Payoneer
https://www.payoneer.com/

74

海外Amazonで売れる商品の3要素

日本特有の機能性や品質、文化的背景が海外の人に響く

> 海外Amazonでは、どのような商品が人気なのでしょうか? 答えはキッチン用品や文房具、食品、日用品などです。これらに共通する要素から、海外Amazonで売れるための秘訣を紐解きます。

意外な日本製品が海外で売れている

　日本のものづくりは昔から評価されており、その機能性や品質の高さは世界中で有名です。そのため、海外Amazonでも日本の商品は高い人気を誇り、幅広いジャンルでよく売れています。中には、意外な商品がヒットしていることもあります。

　筆者の経験上、海外Amazonでよく売れている日本の商品には、次の3つの共通点があります。

①機能性に強みを持つ商品

②高品質な刃物系の商品

③日本特有の文化的背景を持つ商品

　①は耐久性や消臭性といった機能に強みを持っているということです。②は、主に中国などの海外製に比べて日本製の刃物は切れ味などで優位性があり、人気があります。③は日本特有のユニークさと、日本の文化を体験できることが強みになります。

プロの料理人にも人気があるキッチン用品

これらの3つの共通点を持つ、具体的な商品カテゴリについて見ていきましょう。まずは「キッチン用品」です。日本のキッチン用品は、精巧な作りによる機能性と使いやすさの両立が評価され、海外Amazonで人気を集めています。

例えばスライサーは、鋭い刃と高いスライス性能が評価されています。期待通りの切れ味があり、食材を均一にスライスできるため、料理の仕上がりを整えやすくなる点が支持されているのです〔図表74-1〕(※3)。また、使いやすく、掃除が簡単なのも好評です。スライスだけでなく、細切りなどの用途にも対応でき、幅広い食材に使えるため、多くの海外の人にとって満足度の高いアイテムとなっています。

ピーラーは、キャベツを細かくふんわりと削るのに適しているため、海外の顧客から選ばれています。鋭い刃で素早く効率的に削ることができ、大きなキャベツも1分以内に処理できるほどのスピード感や、使いやすさ・掃除のしやすさも評価されており、時間を節約しながらきれいな仕上がりを実現できるといわれています。

どちらの商品も「刃の鋭さ」「使いやすさ」「掃除のしやすさ」といった点で高評価を得ており、日々の調理を効率よく進めるのに役立っています。ほかにも包丁や砥石、米研ぎボウルなど、さまざまな日本製のキッチン用品が海外Amazonで人気です。

海外Amazonでの日本のピーラーの例〔図表74-1〕

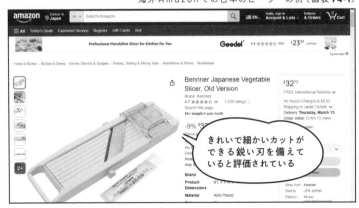

※3 Benriner Japanese Vegetable Slicer, Old Version (KN Japan Mart)
https://www.amazon.com/dp/B000BI8EDG/

海外のアーティストにも選ばれる日本の文房具

日本の「文房具」は、使いやすさと品質の高さで海外でも多くの人に愛用されており、海外Amazonでもよく売れています。

例えばボールペンは、インクの流れがスムーズで、書き心地が快適な点が高く評価されています。持ちやすいグリップと安定したインクの濃淡により、速く書いても線が途切れることなく、クリアで美しい文字を書くことができると好評です。特にゼンタングルアート(※1)やドゥードル(手書きのイラスト)に適しているとする声もあり、創作活動にも活用されています。

ノートは、デザインの洗練さや紙が滑らかな点が好評です。両面に書いても快適に使えるため、学習用としても人気があり、さまざまなペンとの相性のよさも好評です。また、見開きがフラットになる設計や、インクの裏抜けを防ぐ工夫も評価されており、書き心地を重視する人にとって使いやすい仕様が人気です。

絵具は、鮮やかで発色がよいことが特に評価されています。たっぷりと使えるサイズの絵具セットはコストパフォーマンスが高く、長く使えると好評です。色のバリエーションが豊富で、さまざまな質感を表現しやすいことから、プロ・アマ問わず幅広いユーザーに支持されています。

海外Amazonでも人気の日本の食品

日本の「食品」では、抹茶や煎茶、だし、味噌・醤油といった調味料が海外Amazonでもよく売れています。味噌・醤油は、日本食を作るうえで欠かせない調味料として、料理好きの間で定番のアイテムとなっています。

また、お菓子では駄菓子の詰め合わせが、手軽にさまざまな味を楽しめるセットとして人気を集めています。スナックやキャンディが小分けになっているため、家族や友人とシェアしながら食べるのに適しており、贈り物としても喜ばれています。金平糖もカラフルな見た目と、ひと粒ずつ異なる風味が魅力となっており、海外Amazonでも人気です。

※1　ゼンタングルアート
アメリカ発祥のアートメソッドで、禅の哲学的・
瞑想的な要素とアートを結びつけたもの。

日用品や園芸用品・工具も海外に愛好家がいる

　ほかにも「日用品」として、日本の爪切りが評価されています。岐阜県や新潟県のメーカーが製造する爪切りは、鋭い刃と耐久性が特徴で「一生使える品質」として多くのユーザーに愛されています。また、コーヒー器具などの耐熱ガラス商品は、耐久性と機能性に優れているだけでなく、シンプルで美しいデザインも相まって、アメリカAmazonで好評を博しています。

　「園芸用品・工具」のカテゴリも、趣味の園芸家からDIY愛好家、プロフェッショナルから人気です。例えば、日本のレジャーナイフは海外で「ホリホリナイフ」と呼ばれ、「掘る」「切る」「削る」「植える」といった作業が1本でできる万能ナイフとして使われています。この汎用性の高さが、海外のガーデナーやアウトドア愛好家に高く評価されています。

　また、剪定用のノコギリや剪定ばさみ、DIY用のノコギリやヤスリも優れた切れ味が好評で、現地のリフォーム業者や家具製作者、楽器修理業者といったプロからも選ばれています。

　以上、海外において高い評価を得ている日本の商品の代表例について、理解してもらえたかと思います。日本特有の機能性や品質の高さ、文化的背景に注目して、自社商品をヒットに導くためのプランを描いてみてください。(森田)

> **まとめ**
>
> さまざまなカテゴリにおいて、日本の商品が海外市場で競争力を発揮しています。機能性・品質×日本らしさを意識して自社商品をアピールしてみましょう。

75

物流対策はFBAが本命

注文処理・梱包・配送を現地のAmazonに任せる

通常、自社越境ECサイトでは注文処理や配送、返品対応といった物流業務は、すべて自社で行わなければなりません。しかし、海外Amazonの場合は、物流業務を代行してくれる「FBA」というサービスがあります。

多くの販売者に支持される「FBA」

海外Amazonでの販売を開始するにあたり、倉庫や物流について悩む人は多いでしょう。しかし、初めて挑戦するのであれば「FBA」(Fulfillment by Amazon)一択という認識で問題ありません。

FBAとは、販売者がAmazonの倉庫に商品を預けることで、注文処理、梱包、配送、カスタマーサービス、返品対応といった物流業務をAmazonが代行するサービスです。例えば、アメリカAmazonの倉庫に商品を預け、そこからアメリカのさまざまな場所に住む購入者へと商品を届けることが可能になります〔図表**75-1**〕。

これにより、商品1個あたりの輸送費を抑えることができるほか、以下の4つのメリットが得られます。

①「Amazonプライム対象商品」として販売可能

②物流業務の代行による負担軽減

③カスタマーサポートの代行による負担軽減

④Amazon内SEOの向上

FBA利用時の商品発送のイメージ〔図表 75-1〕

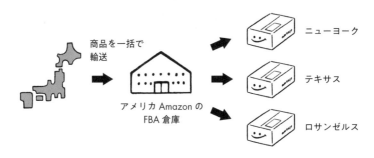

商品1個当たりの輸送費を抑えられる

「Amazonプライム対象商品」になることで購入率が向上

　FBAのメリットを1つずつ見ていきましょう。まず①ですが、商品が「Amazonプライム対象商品」として扱われることにより、購入者は迅速な配送や送料無料の特典を受けられるため、購入率が向上します。そもそもプライム会員は、こうした特典を得られない非プライム商品の購入を避ける傾向があるため、FBAを利用しないと、売上が期待通りに伸びない可能性があります。

　4つのうち、最も大きなメリットといえるのが②です。FBAを利用すれば、在庫管理、発送、梱包などの煩雑な物流業務をAmazonに任せられます。自社越境ECサイトやクラファンの場合、商品を1オーダーずつ個別に発送する必要がありますが、FBAではまとまった数量を一括で輸送でき、販売者は商品の選定やマーケティング戦略の立案に集中できます。

　また③により、商品の不着や返品の対応といった手間のかかるカスタマーサポートをAmazonが行ってくれます。自社で発送する場合、返品が発生した場合の日本までの送料も販売者側が支払うことになるため、金銭的にも大きな負担となります。さらに④により、FBM(※1)の場合と比較して自社商品のAmazon内でのSEO評価が上がる傾向があります。

※1　FBM
「Fulfilled by Merchant」の略。FBAとは逆に、販売者が自社の倉庫から商品を発送すること。「自社出荷」ともいう。

不良在庫が発生した場合はコストがかかるデメリットも

ただし、FBAにはデメリットもあります。仮にFBAを利用してアメリカのAmazonの倉庫に商品を一括輸送したものの、売れずに不良在庫が発生した場合、基本的に返送はできないと考えてください。

アメリカAmazonでは1箇所の倉庫ではなく、複数の倉庫に分散して商品を管理しているため、商品をまとめて日本へ返送しようとすると輸送費が非常に高くなります。単価が高くて重量が軽く、少量の商品であれば、返送して日本で再販売しても採算が取れるケースもありますが、多くの場合、廃棄したほうが安いです。

かといって、まったく売れない不動在庫をFBA倉庫に大量に置き続けると、多額の保管手数料を請求されるので注意してください。

なお、もし海外Amazonの多国間展開を考えている場合、アメリカのAmazonのFBA倉庫に納品すれば、その在庫を活用してカナダやメキシコのAmazonにも出品が可能です。欧州も同じく、イギリスのAmazonのFBA倉庫に納品すれば、ドイツやフランスといった欧州各国のAmazonでも販売できます。

ただし、注意すべき点が2つあります。1つはそれぞれの国のFBA倉庫に直接納品したほうが、発送費や関税などのコストが下がる点です。イギリスAmazonの在庫を用いて、ドイツAmazonやフランスAmazonで販売する場合は送料や関税がかさみます。

もう1つは、多国間展開ができない商品があることです。例えば、ペットフード系の商品は動物検疫の関係により、イギリスのFBA倉庫からドイツやフランスなどへの販売ができません。多国間展開においては、こうした点を考慮しながら事前にしっかりシミュレーションする必要があります。(森田)

まとめ

海外Amazonを活用するなら、FBAは必ず利用したいサービスです。プライム対象商品、物流作業の負担軽減といったさまざまなメリットがあります。

76

商品の選定前に
キーワードを選定せよ

月間検索ボリュームが10〜30万位のキーワードが狙い目

顧客がAmazonで商品を購入する際、最初に検索ボックスに「シャンプー」などのキーワードを入力します。適切なキーワードを商品詳細ページに設定できていると、検索結果で上位表示が可能です。

商品詳細ページに至るアクセスの6割が検索

海外Amazonで販売する商品を選定する前に、必ず行うべきなのがキーワードの選定です。今後の売上を左右する重要な作業であり、キーワード選定＝商品選定といっても過言ではありません。

Amazonで商品を購入する際、顧客はまずAmazonの検索ボックスに関連するキーワードを入力して商品を探します。Amazonのトップページから商品詳細ページに至るアクセスのうち、およそ6割が検索経由とされており、この検索で自社商品が上位に表示されるかどうかは、適切なキーワードを選んで商品詳細ページに設定できているかにかかっています〔図表**76-1**〕。

また、適切なキーワードを選定することは、広告費を削減することにもつながります。次節で解説するSEO施策とあわせて、オーガニックな検索流入を継続的に獲得できれば、コストを抑えながら顧客にアプローチでき、利益率の向上が期待できます。

Amazonのブランド分析やリサーチツールなどを活用し、キーワードの検索ボリュームを把握するところから始めてみましょう。

4

クラウドファンディング&Amazon

商品詳細ページへの流入経路〔図表 76-1〕

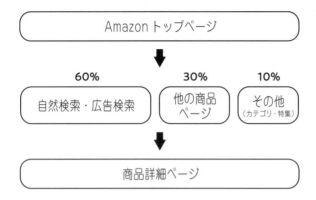

Amazonブランド検索で検索ボリュームを調査

　キーワードの検索ボリュームを調査するツールとして、最初に活用したいのがAmazonの「ブランド分析」(Brand Analytics) です。これはAmazon公式のツールであり、Seller Centralのアカウント登録と海外AmaznでのブランドZ登録をしていれば利用できます。

　ブランド分析では、指定のキーワードの検索ボリューム(※1)の一覧をダウンロードでき、どのキーワードの検索順位が何位なのかを調査可能です。そして、日本企業が市場の最も大きいアメリカAmazonで成功するためには、目安として月間検索ボリュームが10〜30万位程度のキーワードを狙っていくことを推奨します。

　アメリカAmazonは市場が大きいゆえに競争が激しく、検索ボリュームが数千〜数万程度だと、Amazon広告のCPCが1,000円を超えることも珍しくありません。CPCが高い市場で勝負すると、多くの先行投資が必要になるので、負担も大きくなります。また、検索ボリュームが30万以下ではビジネスの規模も小さくなり、年商1億円以上を達成しづらいという問題もあります。

　実際、アメリカのAmazonで成功している日本企業の多くは、10万〜30万位程度の検索ボリュームがあるミドルレンジのキーワードの商品を展開しているので、ここを狙うのがよいでしょう。

※1　検索ボリューム
特定のキーワードがどれだけ多く検索されているかを示す指標。

「Japanese」を含むキーワードにも注目

また「Japanese ○○」といった、Japanese関連キーワードも狙い目です。「日本製の商品を買いたい」と考えているユーザーが検索するため、競合の中国製品などと比べて価格が高くても、売れるケースがよく見られます。アメリカAmazonでは、このキーワードで商品を販売して成功している日本企業も多くなっています。

下表は2025年2月現在のアメリカAmazonで、検索ランキングが30万位以内の「Japanese」関連キーワードを上位からピックアップしたものです〔図表76-2〕。「japanese snacks」「japanese stationery」など、P.248で述べたお菓子や文房具のキーワードが含まれていることが分かります。

アメリカAmazonの「Japanese」関連キーワード検索ランキング〔図表 **76-2**〕

検索頻度のランク	検索キーワード	検索頻度のランク	検索キーワード
5775	japanese snacks	34776	matsato knife japanese made
12529	japanese floor mattress	35599	japanese pens
14032	japanese candy	43332	japanese knife set
20451	japanese pokemon cards	44130	japanese bbq sauce
23559	japanese stationery	44264	japanese sweet potatoes
25897	japanese	48358	japanese deep fryer pot
26470	japanese knife	48695	japanese rice
30287	japanese snack box	52443	japanese curry

効果的な市場調査を行う6つのステップ

リサーチツールには、Amazonブランド検索以外にも「SellerSprite」〈※2〉や「Helium 10」〈※3〉といったものがあり、特定のキーワードの検索数を調査したり、競合やトレンドを分析したりできます。これらのツールを活用してAmazonで効果的な市場調査を行う流れは、次ページの6つのステップに分けられます。

①カテゴリの市場調査　　④キーワードの収集

②人気商品の分析　　　　⑤競合の分析

③トレンドの分析　　　　⑥自社商品の目標売上の設定

※2　SellerSprite（セラースプライト）
https://www.sellersprite.com/

※3　Helium 10
https://www.helium10.com/

まず「①カテゴリの市場調査」では、出品予定の商品カテゴリ内での競合状況や売れ筋商品を調べます。自分で探してみることが重要で、少しでも気になっているカテゴリはすべて調査しましょう。売れている商品の特徴や価格帯を把握することがポイントで、この段階では市場全体の感覚をつかむ程度で十分です。

　「②人気商品の分析」では、気になるカテゴリの人気商品を分析します。競合となる商品を10個程度リストアップし、売上、レビュー数、販売開始時期、価格帯などをまとめましょう。また、Amazonのサブ画像や「A+」(※4) を確認し、それぞれの商品が持つ特徴を整理します。

　このとき、レビュー数が少なくても売れている商品に注目すると、隠れたニーズや消費者が求める要素を見つけられる可能性があります。ほかの商品との差別化ポイントが明確でない場合、Amazon以外でのマーケティング施策に力を入れているケースもあるため、その可能性も視野に入れて分析を進めましょう。

「狙っている市場は上昇トレンドか?」を調査

　続いて「③トレンドの分析」として、キーワードの季節性や市場の成長性を把握します。リサーチツールで関連キーワードの検索数や、カテゴリ全体の販売額の推移を調査しましょう。これらのデータを参考に「自社が参入しようとしている市場は下降トレンドではないか?」「これから成長期に入るのか?」といった分析を行います。

　「④キーワードの収集」は、例えばシャンプーであれば「シャンプー　ボタニスト」「シャンプー　メンズ」といった関連するキーワードを洗い出します。SellerSpriteでは、各キーワードの検索ボリュームや競争率、広告のCPCを確認できるため、これらのデータを分析しながらターゲット市場を絞り込んでいきます。

慣れてきたらツールに頼らず、自分の感覚を磨いていく

　「⑤競合の分析」では、同じカテゴリ内の主要セラーを把握し、競合商品のASIN (※5) を入力して売上やレビュー傾向を徹底的に調査し

※4　A+ (エープラス)
「Amazon商品紹介コンテンツ」の通称。商品詳細ページを充実させるために、画像やテキストを掲載できる機能。

※5　ASIN
「Amazon Standard Identification Number」の略。Amazonにおける固有の商品管理番号のこと。

ます。さらに、競合のSEOや広告配信なども把握することで、自社商品の攻め方を考えることができます。

ただし、競合が特定のキーワードで広告を配信していない場合に、「自社がそのキーワードで広告を配信すれば販売数を増やせる」と考えるのは早計です。競合は過去にそのキーワードで広告運用を行ったものの、ACOS(※6)が悪くて現在では停止しているだけかもしれません。現在のデータだけを見ていると、誤った判断をしてしまう可能性があるため注意が必要です。

最後に「⑥自社商品の目標売上の設定」に取り組みます。これまでに調査したカテゴリの市場規模や競合状況をもとに、自社が参入する余地があるか、最終的な判断をしましょう。

なお、市場調査においては、ツールに頼りすぎるのもよくありません。ある程度ツールを活用した調査に慣れてきたら、自分自身の感覚を磨くことを意識するようにしてください。トレンドが一時的なものではないか、すでに飽和したレッドオーシャンではないかを、自分の目で注意深く見極めることが大切です。

競合の分析も、単に競合を模倣するのではなく、自分自身で競合商品を購入して試してみましょう。その過程で得た気付きを言語化して差別化ポイントを見つけ、自社の戦略に取り入れていくことが最も重要だと考えています。（森田）

まとめ

海外Amazonでは、ツールを活用することで効率的に競合の状況を把握できます。競合を知ったうえで自社の差別化できるポイントを見つけましょう。

※6 ACOS
「Advertising Cost of Sale」の略で、AmazonにおけるJ広告費売上高比率を指す。広告費÷広告売上額×100（％）で計算し、数値が低いほど広告効果が高いと判断できる。

77

Amazon SEOは
売上拡大の起点

検索アルゴリズムを理解して自社商品の上位表示を狙う

> 前節で述べたように、Amazonでは約6割が検索経由
> でのアクセスとなるため、いかに検索結果の上位に自
> 社商品を表示させられるかが勝負になってきます。上
> 位表示の鍵は「検索アルゴリズムの理解」です。

キーワードとの関連性や売上が検索順位に影響する

　国内・海外を問わず、Amazonで商品を販売するうえで、Amazon
の検索アルゴリズムを理解することは非常に重要です。このアルゴ
リズムは「購入につながる可能性が高い商品を顧客に優先的に表示
する仕組み」とも言い換えられ、売上に大きく影響を与えます。

　Amazonの検索アルゴリズムは日々進化しており、最新バージョン
は「A10」と呼ばれています。商品の売上パフォーマンスやキーワー
ドとの一致度合いを特に重視しているとされ、例えば「商品タイトル
にユーザーの検索キーワードが含まれている」「過去の売上実績やク
リック率、コンバージョン率が高い商品である」といったことが、上
位表示されるための評価ポイントになってきます。

　ほかにも、Amazonの検索アルゴリズムは多岐にわたる要因から検
索順位を決定していますが、主なものは次ページの図のようにまと
められます〔図表77-1〕。これらの要因を競合と比較して上回ることがで
きれば、検索順位をひっくり返し、自社商品を上位に表示させるこ
とも可能になります。

Amazonの検索結果に影響を与える主な要因〔図表77-1〕

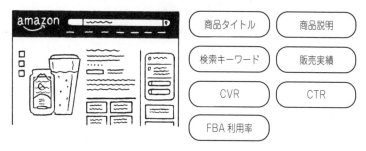

検索結果でのクリック率やコンバージョン率も重視

　上図を踏まえたうえで、最も意識したいのが「キーワードの関連性」です。ユーザーが検索時に入力したキーワードと、図中の「商品タイトル」や「商品説明と箇条書き」、「バックエンドキーワード」(※1)が一致しているほど、検索結果で上位に表示される可能性が高くなります。

　そして、次に重要なのが「販売実績」です。キーワードの関連性が同程度であれば、より多くクリックされ、購入されている商品のほうが検索順位が高くなります。特に、直近1カ月の売上が反映されやすい傾向があります。また、レビューの星評価や件数、返品率といった顧客満足度もアルゴリズムに影響を与えます。

　さらに、「顧客転換率」に関係する指標としてクリック率(CTR)やコンバージョン率(CVR)、セッション数も重視されます。ここでのCTRは、商品が検索結果に表示された回数のうち、顧客がクリックした回数の割合を意味します。魅力的な商品画像や、キーワードが適切に盛り込まれたタイトルがCTRを向上させる鍵です。

　CVRは、商品詳細ページを訪れた顧客のうち、どれだけの割合が購入に至ったかを表す指標です。価格、レビューの星評価、そしてページの見やすさがCVRの向上に寄与します。セッション数は商品詳細ページへの訪問数を指します。増加させるためには、Amazon内での広告に加え、Amazon外から流入を促す施策も必要です。

※1　バックエンドキーワード
販売者がAmazonに出品する商品に対して付与できるキーワードのこと。ユーザーには表示されない。商品タイトルや商品説明に含まれる語句の同義語や略語、スペルミスなどを登録し、検索性を高めることができる。

短時間で商品の特徴を理解できるタイトルを意識する

　AmazonでのSEO対策において、その他のポイントを見ていきましょう。まず、商品タイトルの最適化です。ブランド名や商品名だけでなく、顧客が検索しそうな主要なキーワードを含めつつ、商品の特徴を簡潔に伝えることが求められます。

　例えば「〇〇 オーガニック シャンプー メンズ用 500ml - 保湿＆ボリュームケア」(〇〇はブランド名) という商品タイトルには、ブランド名と「シャンプー」だけでなく、「オーガニック」「メンズ用」「保湿＆ボリュームケア」といった商品の特徴や、「500ml」という容量を表す語句が含まれています。「〇〇 オーガニック シャンプー」といったタイトルよりも、検索結果でユーザーが見たときに短時間で商品の特徴を理解でき、クリック (商品詳細ページへのアクセス) につながりやすくなります。

　商品説明と箇条書きでは、機能やメリットを簡潔に説明し、顧客に商品の魅力をアピールします。SEOを重視した文章構成にすることが重要で、シャンプーであれば、商品タイトルだけでなく箇条書きにも「シャンプー」というキーワードを入れましょう。また、商品説明には使用方法や追加情報を詳しく記載します。

　そして、Amazon特有の設定項目として、バックエンドキーワードがあります。商品詳細ページには表示されませんが、検索結果には影響を与えるため、関連するすべてのキーワードを網羅的に設定することが推奨されます。

SEOと広告の相乗効果で検索順位を上げる

SEO対策を進める際、Amazon広告との連携すれば、さらなる効果を期待できます。広告キャンペーンを通じて得られたデータ、例えばCTRが高いキーワードや、CVRが高い商品の属性などは、SEOにも生かすことができるでしょう。

また、広告経由で売上が上がると、Amazon内のオーガニック検索での順位も上昇するようになります。販売開始の初期段階から広告を活用して、検索上位を早期に確保できれば、後に広告に依存しすぎることなく売上を伸ばすことが可能です。

一方、SEO対策を進めるうえで、注意すべき点もいくつかあります。例えば、商品説明や箇条書きにキーワードを詰め込みすぎると商品詳細ページが不自然になり、CTRやCVRが下がるリスクがあります。顧客の視点に立ち、自然な文章を心掛けてください。

また、SEOは一度設定すれば終わりではなく、定期的にデータを分析し、必要に応じて調整を行うことが大事です。Helium10を使えば、各キーワードの現在での検索順位が測定できます〔図表**77-2**〕。このようなツールを用いて、自社商品の状況を随時確認しましょう。(森田)

Helium10で検索順位を測定する例〔図表**77-2**〕

キーワードの検索順位やボリュームが把握できる

> **まとめ**
> Amazon独自の検索アルゴリズムを理解し、適切なSEO対策を講じることが、検索順位向上と売上拡大につながります。調査と最適化を継続的に実施していきましょう。

78

商品画像は
日本基準で考えるな

海外ではシンプルで視覚的に訴える画像が好まれる

日本のAmazonでの商品画像は文字を多く含んだ情報量の多い画像が主流ですが、アメリカをはじめとする欧米ではシンプルな商品画像が好まれます。海外のユーザーに受ける商品画像の特徴を理解してください。

文字数は抑えて、アイコンでの表現も意識する

Amazonの商品画像がCVRに大きく影響することは、多くの人が想像できることだと思います。ただし、海外Amazonでは、日本と同じ感覚で進めないように注意してください。外国人に好まれる商品画像にするには、次の3つがポイントになります。

①文字を少なくする

②アイコンを使う

③現地の人にあわせた訴求にする

まず①について、日本のAmazonでは文字をたくさん入れて情報を盛り込んだ商品画像が主流ですが、海外ではこのような手法は好まれません。特に欧米の消費者は、シンプルかつ視覚的な訴求力のある画像を好むため、文字数は抑えましょう。次ページの図は、海外と日本で好まれる画像を比較したものです〔図表**78-1**〕。左側はシンプルながらインパクトがある画像になっています。

②のアイコンは、海外Amazonの商品画像だけでなく、商品のパッケージでも頻繁に使われています。日本に比べて移民が多く、母国語が英語ではない人が多い国でも、アイコンを使えば商品の特徴やメリットを視覚的に伝えられます〔図表78-2〕。

例えば、食品であれば「ビーガン対応」や「GMOフリー」、化粧品であれば「パラベンフリー」や「香料不使用」といった特徴をアイコンで表現している商品が多いです。ひと目で特徴やメリットを理解できるため、CVRの向上につながります。

日米の商品画像の比較〔図表78-1〕

アメリカの商品画像（左）は日本（右）に比べて、写真を大きく使用したデザインになっている

アイコンの使用例〔図表78-2〕

アイコンは英語が母国語でない人でもすぐに特徴を理解できる

刺さる訴求は国によって異なる

「③現地の人にあわせた訴求にする」は、同じ商品であっても、日本と海外の顧客では訴求ポイントが異なることを意識します。

例えば、自宅で使用するエクササイズバイクの場合、日本では集合住宅に住む人が多いため、静音性が重視されます。一方、広い家に住む人が多い国では、静音性よりも商品の頑丈さや耐荷重といった要素が重視されます。

現地の顧客が商品のどこに魅力を感じるのかを理解するには、競合商品のレビューや商品画像を分析したり、現地のユーザーにヒアリングしたりする方法があります。把握できた訴求ポイントは、重要なものから順に商品画像の2枚目以降に配置しましょう。

海外のデザイナーに依頼できるサービスも便利

現地の人にあわせた商品画像や商品タイトル、商品説明を作成する際に便利なサービスもあります。代表例を2つ紹介しましょう。

「Fiverr」[※1]はフリーランスのデザイナーやクリエイターが多数登録しているサービスで、海外Amazon向けの商品画像の制作を依頼できます。「Amazon Product Images」「E-commerce Design」などのカテゴリで好みの人を探し、商品の特徴やターゲット市場、キーワード、希望するスタイルなどを伝えて依頼しましょう。

「PickFu」[※2]は、ターゲット市場のユーザーに直接意見を聞きながら、商品画像や商品タイトルのテストができるサービスです。例えば「文字数の少ない画像とアイコンを入れた画像のどちらが魅力的か?」といったA/Bテストを、性別、年齢、国籍、興味関心などのターゲットを設定したうえで実施できます。(森田)

> **まとめ**
>
> 海外Amazonで好まれる商品画像を理解してから、商品詳細ページを作成しましょう。外部サービスを利用して、現地の人の声を取り入れるのもよい方法です。

※1 Fiverr
https://www.fiverr.com/

※2 PickFu
https://www.pickfu.com/

79

Amazon広告は必須の施策

SEOとセットで展開することで売上増の好循環が生まれる

海外Amazonでも、現地の競合企業と戦わなければいけません。そのためには、広告を配信して自社商品を露出する機会を増やしましょう。Amazonでは、検索結果や商品詳細ページに配信できる広告が3種類あります。

Amazon広告には3つの種類がある

　海外Amazonでのビジネスを成功に導くには、Amazon広告の運用が不可欠です。単に商品を出品するだけでは、現地ですでにブランド認知のある商品を除き、なかなか売上にはつながりません。

　Amazon広告を活用すれば、自社が販売している商品の売上やレビューを蓄積し、Amazon内でのSEO評価の向上が期待できます。このSEO評価の向上が自然検索での上位表示につながり、結果としてさらに売上を伸ばす好循環を生み出していきます。

　Amazonでは、次の3つの広告形式が提供されています。これらを目的や戦略に応じて使い分けていきましょう。

スポンサープロダクト広告

　検索結果ページや商品詳細ページに表示され、クリック課金制でターゲット層へ効率的にリーチできることが特徴です。操作が簡単で初心者にも適しているため、最初に試す広告としておすすめです。

4

クラウドファンディング＆Amazon

265

スポンサーブランド広告

検索結果の上部にブランドロゴや複数の商品を表示します。ブランド認知度を高め、顧客の興味を喚起できるため、特にブランド構築を目的とした広告戦略に有効です。

スポンサーディスプレイ広告

商品詳細ページのサイドバーや関連商品セクションに表示されます。リターゲティングが可能で、ターゲット層の興味や行動に基づいた高いCVRが期待できます。

初動期、成長期、成熟期のフェーズに分けて運用

Amazon広告の運用は、下図に示した3つのフェーズで方針を分けて考えることをおすすめします〔図表79-1〕。

開始直後の「初動期」で見るべきKPIは、広告のインプレッション数とCVRです。まずは入札単価を推奨入札単価よりも高く設定し、インプレッション数を上げることを意識しましょう。

インプレッションが増えなければAmazon内で露出しないため、クリックにも売上にもつながらないだけでなく、効果検証もできません。また、CVRが低いと広告費を増やしても売上につながらず、検索順位も上がりにくくなります。CVRが低い場合は、商品タイトルや商品画像、価格の設定の見直しなどを行いましょう。

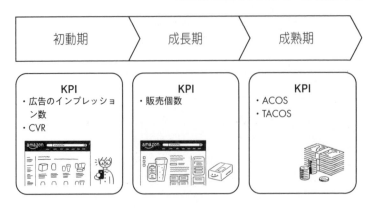

Amazon広告の3つのフェーズ〔図表79-1〕

「成長期」のKPIは販売個数です。競合と比較して販売個数を同等か、それ以上に増やさないと、Amazon内の検索順位で上位に表示されません。この段階ではACOSが高い、あるいは赤字であっても、とにかく販売個数を増やすために広告に投資しましょう。

検索順位が上がり、レビューも投稿されるようになった「成熟期」では、ACOSとTACOS[※1]をKPIとします。利益を増やすには、利益率よりもACOSやTACOSが低くなるように運用します。

Amazon広告を複数の国で運用する場合の注意点

海外Amazonでの広告運用においては、国ごとの違いにも注意してください。アメリカやドイツのAmazonは日本よりも市場が大きいぶん、CPCが高くなりやすい傾向があります。特に売上規模が大きい商品やキーワードでは、その傾向が顕著に表れるので、推奨入札単価よりも高くなることを想定する必要があります。

逆に、メキシコやインドなど、市場規模が小さい国のAmazonではCPCを安く抑えられる可能性が高いでしょう。

アメリカのAmazonで広告を運用してみて、費用対効果が高かったキーワードなどを発見できたら、それを横展開するのもよい方法です。イギリスやオーストラリア、シンガポールといった英語圏の国であれば、同様に高い費用対効果を再現できるかもしれません。

なお、ドイツ、イタリア、スペイン、メキシコといった英語圏以外の国でも、P.254〜255で紹介したAmazonブランド分析、SellerSprite、Helium 10といったツールを活用すれば、言語が分からなくてもキーワードの選定や広告運用は十分に可能です。（森田）

> **まとめ**
>
> 海外Amazonで販売する際は、Amazon広告が非常に重要です。広告の種類やフェーズごとの運用のポイントを理解して、高い成果を目指しましょう。

※1　TACOS
「Total Advertising Cost of Sale」の略で、Amazonにおける総広告費売上比率を指す。広告費÷総売上額×100（%）で計算する。広告経由以外のオーガニックな売上額も含む「総売上額」を算出に用いる点がACOS（P.257を参照）と異なる。

80

インフルエンサーには当たって砕けろ

100人以上を目安にコンタクトをとる覚悟で臨む

> 海外Amazonでも、インフルエンサーマーケティングは有効な施策です。SNSやブログなどの外部コンテンツで発信してもらえると、広告以外での認知拡大や集客につながりますが、実施は容易ではありません。

Amazon外から商品詳細ページに流入させる施策が必要

Amazonの検索アルゴリズム「A10」（P.258を参照）を攻略するには、商品タイトルやバックエンドキーワードといった内部施策だけでなく、Amazon外から商品ページへの流入を増やすための外部施策も重要になっています。

近年、日本のAmazonにおいて、複数ブランドのプロテインが外部からの集客で販売を伸ばしているのが、その一例です。Amazon外からの購入はAmazon内での購入よりも評価が高く、強い外部流入があれば、Amazon内の検索上位にも表示されやすくなります。

特に、市場の大きなアメリカAmazonでは広告のCPCが高騰しており、その観点からも外部施策は不可欠です。SNSやブログなどの外部チャネルを通じて集客することで、Amazon内での広告への依存度を下げ、効率よく売上を増やすことが可能になります。

外部施策として、最も効果的なのはインフルエンサーマーケティングです。できる限り多くのインフルエンサーをリストアップし、メールやDMなどでコンタクトをとることから始めてみましょう。

相性のよいインフルエンサーとは長期的な関係構築を

とはいえ、海外のインフルエンサーに連絡しても、返信がある割合はおよそ10人に1人ほどです。実際に依頼して、集客効果を実感できる人となると、さらに少なくなります。まずは100人以上を目安に自社商品と相性がよさそうな人をリストアップし、とにかく依頼してみることが大切です。

また、インフルエンサーマーケティングでは、自社にとって費用対効果の高い人に継続して商品を紹介してもらうことで、成果につながることが多いといえます。単にフォロワー数が多い人であればたくさんいますが、その中で商品を売ることができる人は限られるため、とても貴重な存在です。

費用対効果の高いインフルエンサーを見つけられたら、ブランドアンバサダーやAmazonアフィリエイターとして活動してもらうことも提案し、長期的な関係を築いていくようにしましょう。現地に直接会いにいくのも効果的で、「遠い日本からわざわざ来てくれた」と歓迎してくれるだけでなく、商品の改善点や新商品のアイデアなどを質問できます。また、直接会って仲良くなると、長期的な関係を築きやすいというメリットもあります。

実際のところ、海外のインフルエンサーへの依頼はハードルが高い施策です。よいインフルエンサーが見つかったとしても、1人では効果が限られてしまいます。一度関係が築けた人には、仲のよいインフルエンサーを紹介してもらうなどして、依頼できる人を地道に増やしていきましょう。多くのインフルエンサーに商品を紹介してもらうことで、ブランド認知の向上と外部流入を獲得でき、Amazonの検索結果でも上位表示が狙えます。(森田)

> **まとめ**
> 多くのインフルエンサーに連絡して依頼をしましょう。よいインフルエンサーを見つけたら長期的な関係を築き、他のインフルエンサーを紹介してもらいます。

81

自社ECサイトは信頼の証

「海外ではAmazonのみで販売するから不要」は誤り

「Amazonだけで販売するから、自社の海外向け公式サイトは不要」だと考えていませんか？ 海外Amazonでしか販売しない場合も、自社サイトはあったほうが望ましいです。その理由を見ていきましょう。

安心感やブランディングとしての役割は大きい

海外Amazonに出品すれば、自社越境ECサイトはなくても海外で商品を販売できます。それでは自社サイトは不要かというと、実はそうではありません。自社サイトがあったほうが、海外Amazonで売れやすい傾向があります。

その理由としては、主に以下の4つが挙げられるでしょう。

① 顧客に安心感を与え、ブランディングに寄与する

② Amazon外からのコンバージョン獲得につながる

③ メルマガ登録などで顧客リストを収集できる

④ BtoBの問い合わせの受け皿になる

中でも最たるものが①です。SNSで自社商品を知った顧客には、Amazonで探す前にGoogle検索で調べるという人が一定数います。そのときに自社サイトが見つかれば、「この商品のブランドは公式サイトを持っている」と安心し、購入するきっかけになります。

実際、筆者は「他のブランドにはサイトがなかったけれど、あなたのブランドには公式サイトがあったのでAmazonで買った」と顧客から言われたことがあります。自社サイトに商品の特徴やブランドの背景などを掲載することで、より効果を高められるでしょう。

Amazon外からの購入や顧客リストの獲得にも役立つ

　②は、自社サイトに掲載したAmazonリンクから商品が購入された場合、貴重なAmazon外からのコンバージョンを獲得でき、さらに「ブランドリファラルボーナス」も獲得できます。これはブランド登録された出品者に与えられるインセンティブで、Amazonが外部から誘導された売上に対して還元する仕組みのことです。

　③は、Amazonではできない施策です。越境ECにおける顧客リストはとても重要で、プライムデーやブラックフライデーといったセール時や、新商品の発売時などに配信するメルマガは非常に効果があります。メルマガ経由での購入も、Amazon外からのコンバージョンおよびブランドリファラルボーナスの獲得につながります。

　さらに④により、現地の卸業者や店舗を持つ企業から「商品を販売させてほしい」と連絡が来ることがあります。どこに問い合わせをしたらよいか分からないという状況にならないよう、あらかじめ自社サイトを用意するようにしましょう。(森田)

> **まとめ**
> 海外での販売をAmazonのみで行う場合も、自社サイトはあったほうがよいです。信頼性が高まるほか、顧客リストや外部からの購入獲得など、多くのメリットがあります。

82

挑戦の第一歩はアメリカAmazon

市場規模の大きさは他国のAmazonを圧倒している

> どこの国のAmazonで販売するか迷ったら、アメリカAmazonを推奨します。なぜなら、これまでに解説してきたように、市場規模が圧倒的に大きいためです。また、同時にカナダに出店してもよいでしょう。

アメリカから欧州、カナダ、メキシコへの展開が妥当

Amazonは本書執筆時点で世界21カ国に展開しています。そのうち、どの国に優先して進出すべきかというと、やはりアメリカです。

アメリカのAmazonは他国に比べて市場規模が大きいとこれまでにも述べていますが、その差は圧倒的です。アメリカを「100」とした場合の各国の市場規模を表すと次ページの図のようになりますが、いかに歴然とした差があるかが分かると思います[図表82-1]。

次いでドイツ、イギリスが続きますが、これらの国ではVAT[※1]などが別のコストとしてかかってきます。アメリカAmazonで手応えを感じた後に進出することをおすすめします。オーストラリア、インドなどのAmazonは市場規模が小さく、直近で大きな売上を見込むのは難しい状況です。

なお、アメリカAmazonでFBAを利用している場合は、カナダやメキシコにアメリカの在庫をそのまま活用して出品できます[※2]。カナダは日本に次ぐ規模があるため、アメリカ進出と同時、もしくはアメリカで成功した直後に出店を検討してもよいでしょう。

※1 VAT
「Value Added Tax」の略。「付加価値税」とも呼ばれ、日本における消費税に相当。欧州やアジアの多くの国で導入されている。

※2
アメリカのFBA倉庫からカナダやメキシコ、ドイツのFBA倉庫から欧州各国に出品するときには、一部の商品が出品できない、登録しても反映されないといった事象が起こる場合がある。

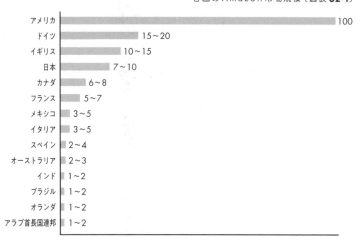

各国のAmazon市場規模〔図表 **82-1**〕

欧州のAmazonに進出するなら、まずドイツ

　欧州のAmazonに挑戦する場合は、ドイツとイギリスを中心に検討しましょう。ドイツでFBAを利用すれば、ドイツの在庫をフランス、イタリア、スペインなどの欧州各国のAmazonに販売できます(※2)。

　イギリスはドイツに次ぐ市場規模がありますが、イギリスから欧州各国に出品すると、関税や送料のコストが高くなります。そのぶんを販売価格に転嫁することになってしまうため、ドイツからの出品をおすすめします。

　進出する市場が決まったら、販売の準備を行います。それぞれの国でAmazonのアカウントを開設し、口座情報を設定します。売上を現地通貨で受け取るなら、P.245で言及したWiseやPayoneerなどのサービスを利用してください。また、欧州のAmazonではVAT登録が必要になるので、次節で解説します。（森田）

> **まとめ**
> まずは市場規模の大きなアメリカAmazonに進出し、FBAで在庫を共有できる国に対応しましょう。売上が増えたら、欧州やそれ以外の国を検討するのがおすすめです。

83

欧州Amazonでは VAT登録が必須

輸入時に課された税金の還付申請までをセットで考える

欧州Amazonに出店する場合は、VATの対応が必要不可欠になってきます。国ごとに登録を行ってください。また、VATは申請すると還付金を受け取れます。忘れずに申請しましょう。

VAT登録にかかる期間は2カ月〜半年が目安

　欧州のAmazonに進出するにあたり、最大の課題ともいえるのがVATです。VATは欧州・アジア諸国で商品やサービスを提供する際に課される税金で、日本の消費税に近いものです。

　AmazonのようなECプラットフォームを通じて日本から欧州に商品を販売する場合でも、VAT登録が原則必須となります。VAT登録番号を取得した後、AmazonのSeller Centralで入力してください。

　VAT登録番号は国ごとに取得します。前節で推奨したドイツとイギリスの両方に進出する場合、AmazonのFBA倉庫が別になるので、それぞれの国で申告を行ってください。一方、FBA倉庫に在庫を置いていない国では、原則としてVAT登録は不要です。例えば、ドイツのFBA倉庫を活用してフランスで販売する場合、フランスでの申請は必要ありません。しかし、フランスのAmazonのFBA倉庫に直接納品する場合は、フランスでのVAT登録が必要になります。

　VAT登録にかかる期間は2カ月〜半年が目安ですが、それ以上かかることもあり、登録費用と年間費用が国ごとに必要になります。

「VATは登録が完了すれば終わり」は間違い

欧州のVATについて見落としがちな点に「還付制度」(※1)があります。商品を販売するための各種経費にかかった税金の一部が払い戻される制度で、輸入時の費用なども対象になります。

例えば、欧州のAmazonのFBA倉庫に日本から商品を発送すると、送料とともに輸入VATが請求されます。そして、輸入VATの支払いが完了した後、四半期に一度、現地の税務当局に申請することで還付金を受け取ることができます。

欧州のAmazonでのビジネスが軌道に乗り、発送量が多くなってくると、このVAT還付金も相当の金額になってきます。受け取れない事態が発生すると大きな損失になるため、VATに関する業務は登録申請だけでなく、還付金の申請・受け取りまでが1つのサイクルだと考えるようにしてください〔図表83-1〕。

筆者が知る限り、安さを理由に海外の税理士事務所にVAT登録を依頼する企業も多いのですが、還付金の点では注意が必要です。登録自体は完了しても還付金を受け取れない、催促しても返事がない、といったトラブルをよく耳にします。VAT関連業務の依頼先は、信頼性や実績、サポート体制を重視して選んでください。(森田)

VAT関連業務のサイクル〔図表83-1〕

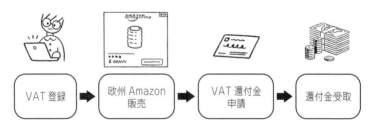

> **まとめ**
> 欧州のAmazonで販売するなら、VAT登録は必須の作業です。そして、登録しただけで安心せずに、VAT還付金の申請と受け取りを忘れないようにしてください。

※1 VATの還付制度：EU（JETRO）
https://www.jetro.go.jp/world/qa/04A-000910.html

84
外部施策で
一挙両得を狙え

Amazonアトリビューションで効果測定＆ボーナス獲得

> 広告やインフルエンサーマーケティング、ブログ記事などの外部施策を実行したら、「Amazonアトリビューション」で効果を測定してみましょう。ブランドリファラルボーナスを獲得することもできます。

外部の広告やチャネルの貢献度を可視化

　アメリカ、カナダ、イギリスのAmazonでは「Amazonアトリビューション」を活用することで、外部の広告キャンペーンやSNS、インフルエンサー施策の効果を数値で確認できます。さらに、アメリカのAmazonでは、ブランドリファラルボーナスとして売上の10%が還元されます。これらを最大限に活用しましょう。

　Webマーケティングにおける「アトリビューション」とは、コンバージョンのきっかけとなった広告やチャネルの貢献度を測る手法のことです。Amazonアトリビューションは、Google広告やMeta広告といったAmazon外の広告、メールやブログ記事からの流入効果を測定するツールであり、外部施策がAmazonでの販売に与えた影響を正確にトラッキングできます〔図表84-1〕。

　例えば、ある商品の売上とページへのアクセス数について、SNS広告と検索広告、ブログ記事とインフルエンサー投稿を比較し、それぞれの貢献度を把握できます。貢献度がより高い施策を理解することで、予算配分の最適化に役立てることが可能です。

Amazonアトリビューションの画面〔図表84-1〕

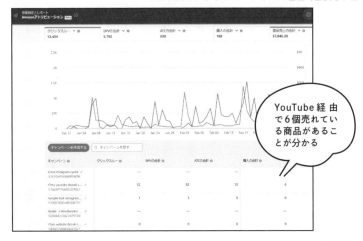

ボーナスの獲得はサステナブルな広告運用につながる

Amazonアトリビューションを活用し、Amazon外からのアクセスを商品詳細ページなどに流入させることで、Amazonはブランドリファラルボーナスを提供します。P.271でも述べましたが、これはブランド登録された出品者に与えられるインセンティブで、Amazonが外部から誘導された売上に対して還元を行う仕組みです。

ブランドリファラルボーナスは通常、売上の10％を付与され、次回の広告キャンペーンの予算として再投資することも可能です。これによって外部広告のコストを相殺し、長期的な広告運用をよりサステナブルにすることができます。

また、外部からの誘導が増えることで、Amazon内での商品の認知も向上し、検索順位が上がるなどの効果も期待できます。売上の還元が得られつつAmazon内での検索順位も上がる、一挙両得の施策といえるでしょう。

トラッキングリンクを作成して広告やチャネルに設定

Amazonアトリビューションの具体的な実施方法としては、まず効果測定したい広告やチャネルに対してトラッキングリンクを作成し

ます。このリンクを広告やSNS投稿、メール内に設定することで、何を経由した購入・アクセスなのかが可視化できます。

　例えば、Facebook広告にAmazonへのトラッキングリンクを設定すると、その広告が商品詳細ページへのアクセスをどれだけ増やし、どの程度売上に貢献したかを確認できます。ブランドリファラルボーナスを獲得するには、その広告を経由したAmazonでの購入数を十分に確保できるよう、ターゲティング設定やクリエイティブなどを工夫しましょう。

　また、Amazonアトリビューションのデータを活用して「ある商品にとって相性のよいSNSはどれか？」「相性のよいインフルエンサーは誰か？」を検証してみるのも効果的です。若年層向けの商品であれば、InstagramやTikTokでの誘導が効果的かもしれません。

　このように、商品の特徴やターゲット層に応じた適切なチャネル選定を行うことで、ブランドリファラルボーナスの獲得もスムーズに進められます。（森田）

> まとめ
> Amazonアトリビューションを活用すると、外部施策がどれだけAmazonの販売に貢献したかを数値化できます。施策の評価のためにも、ぜひ活用しましょう。

Chapter 5

B to B

意識すべきはリードの数よりも質

85

BtoBでは
部門間の連携が肝

マーケ部門と営業部門が一気通貫で取り組める体制に

> 企業はさまざまな部門から成り立っているので、部門ごとに独自のKPIを設定してしまうことがあります。BtoB企業のKGIである「受注」を獲得するために、部門間で連携したKPIを設定してください。

BtoBの情報収集はオンラインが主流に変化

これまで工作機械や産業用ロボットなど、日本のBtoBメーカーが海外へ進出し、成功した事例をいくつも見てきました。筆者の会社が3年以上支援したコネクタメーカーは、海外のリードが少なかった状態から現在では月間リード獲得数が6〜8倍以上に増加し、受注数も順調に伸びています。海外Webマーケティングは BtoC 企業に限らず、BtoB 企業にも新たな販路を切り拓く施策になります。

数年前まで、このような海外向けのBtoB取引は展示会やオフラインの商談を中心に行われており、海外のバイヤーが情報収集する方法も主にオフラインでした。しかし、新型コロナウイルスの感染拡大をきっかけに、現在ではオンラインへとシフトしています。

にもかかわらず、多くのBtoB企業がオンラインへシフトできていません。海外向けのサイトを持たず、持っていても日本語サイトの1割未満のコンテンツしか展開できていない状況です。海外向けのBtoBマーケティングを実施していくために、KPI/KGIの設定と「デマンドウォーターフォールモデル」について理解してください。

部門ごとにKPIの方向性が異なるのは危険

BtoBマーケティングにおけるKGIは、当然ながら「受注」です。ここに議論の余地はほぼないのですが、KPIの設定・運用に関しては、多くの企業で次の2つのような問題が往々にして見られます。

①KGIと相関しないKPIを設定している
②KGIよりもKPIの成果を優先している

①は、設定したKPIがKGIに一見つながっているようで、実はつながっていないという問題です。例えば、BtoBマーケティングではメルマガのクリック率をKPIに設定することがありますが、そもそも登録者数が少なかったり配信頻度が低かったりすれば、クリック率を高めても受注につながる効果は限定的でしょう。

②の問題は、BtoB企業の組織がマーケティング部門と営業部門 (または販売代理店) に分かれていることに起因します。マーケティング部門のKPIは「リード数」ですが、それを増やすことを自らの使命とするあまり、営業部門のKPIである「商談数」を軽視することがあります。結果、商談にはつながらないリードばかりが集まり、KPI (リード獲得) は達成しても、KGI (受注) の達成には至らないことが起こり得ます。

分業体制は組織を円滑に機能させるうえで必要ですが、理論なき分業は部分最適を促進し、全体最適を阻害することで組織の成長を妨げるリスクがあります。分業を有効に機能させるには、次ページに図示するデマンドウォーターフォールモデル (以下、DWモデル) のように、全体を統括して管理する必要があります〔図表85-1〕。

DWモデルを全社的に取り入れてKGIとKPIを連動させる

DWモデルは、リードの獲得から受注までを段階ごとに分類したBtoBマーケティングのフレームワークで、SiriusDecisions社が2006年に提唱しました。複数の派生モデルがありますが、営業メンバーが限られている海外営業では、特に重要な考え方になります。

下図のように、問い合わせがあっただけのリードがMQL（見込みの高いリード）、SAL（営業対象となるリード）→ SQL（受注を目指すリード）へと絞り込まれ、最終的に受注に至る様子がファネルとして描かれています。これを全体を統括する理論としてマーケティング部門と営業部門に浸透させれば、KGIとKPIが有機的に連動したマーケティング組織を構築できます。

DWモデルを部門横断的に導入することは、社内政治や行動習慣などの違いもあり容易ではありませんが、それがBtoBマーケティングにおけるKGI達成の鍵であることを、まず意識しましょう。（徳田）

デマンドウォーターフォールモデル〔図表85-1〕

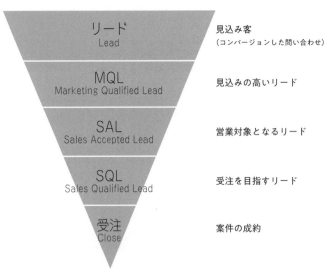

まとめ

BtoB取引におけるKGIを達成するには、部門間の連携を強化し、KPIとKGIを有機的に結びつけましょう。DWモデルの導入は、分業の弊害を克服するために有効です。

※参考：著者によるYouTube動画
WEBを活用した海外販路拡大を成功に導く調査・戦略立案プロセスを大公開!!
https://www.youtube.com/watch?v=SceGmUN4sf4

86

BtoBの顧客はグループで捉えよ

複数の購買関与者にあわせたコンテンツを用意する

> BtoB企業が製品やサービスを導入する際、複数の購買関与者がそれぞれの立場から判断します。BtoBでは顧客をグループ単位で考えて、それぞれに適したコンテンツを提供するようにしましょう。

購買プロセスにおける主要なステークホルダーを把握

BtoBの購買プロセスには、基本的に購買関与者が1人であるBtoCとは異なり、複数の購買関与者が存在します。なぜなら、BtoBの顧客は個人ではなく企業という組織であり、購入における「リスク」と「価値」の大きさが、組織全体に与える影響の大きさに直結するからです。この点に日本も海外も違いはありません。

BtoB商材の購買関与者は、それぞれが異なる視点や優先事項を持っています。例えば、大規模なプロジェクトでは、経営層、調達担当者、技術専門家といった多様なステークホルダーが関与し、社内での合意形成が必要になります。こうした視点を見落としてしまうと商談の成功率が低下するため、BtoBでは顧客を複数の購買関与者によるグループとして捉えることが重要です。

筆者の経験に基づくと、BtoBの購買関与者は「意思決定者」「バイヤー」「インフルエンサー」「ゲートキーパー」「エンドユーザー」の5つに分類できます〔図表86-1〕。それぞれの役割とニーズを把握し、適切な対応を行うことが成功への鍵となります。

BtoBにおける購買関与者の例〔図表**86-1**〕

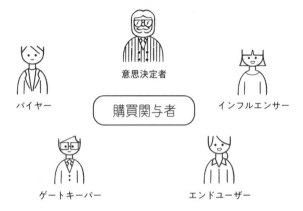

購買関与者ごとに興味を引くコンテンツでアプローチ

　上図の「意思決定者」は、BtoB商材の導入にあたって組織の経済的な利益や影響を重視して関与する立場で、経営層などが該当します。「インフルエンサー」は、自分の仕事がどれだけ効率的になるかを評価基準として関与します。

　「エンドユーザー」は、その商材を現場で実際に利用する使用者であり、使いやすさや実用性を求めます。「ゲートキーパー」は、組織外部からの営業活動を管理し、必要な情報の取捨選択を行う立場です。「バイヤー」は、組織内の購買・調達担当者が該当し、コスト削減や予算の範囲内での購入を最優先に考えます。

　このようにBtoBの購買関与者をグループ単位で捉えることは、海外Webマーケティングにおいても大きな利点をもたらします。例えば、意思決定者には自社商材の経済的合理性を強調したコンテンツを、エンドユーザーには具体的な利用方法やシナリオを説明するコンテンツを提供することで各購買関与者の興味を引き、意思決定プロセスをスムーズに進めることが可能です。

　また、マーケティングオートメーションやアカウントベースドマーケティング[※1]のツールを活用すれば、意思決定者の行動データをリアルタイムで追跡し、より的確なタイミングで効果的なアプローチ

※1　アカウントベースドマーケティング
特定の優良企業・顧客をターゲットとして、LTVを最大化するマーケティング手法。「Account Based Marketing」の頭文字を取って「ABM」とも呼ばれる。

が可能です。結果として、組織全体の信頼を得ると同時に、商談の成立率やLTVの向上につながります。

リスクと価値の軸で商材ごとの購買関与者を予測

　世界中に拠点を持つBtoB市場調査会社「B2B International」[※2]によれば、BtoBの案件はリスクと価値のマトリクスより、以下の4つのカテゴリに分類できます。

・低リスク、低価値

・低リスク、高価値

・高リスク、低価値

・高リスク、高価値

　文房具などの「低リスク、低価値」商材は、日常的な購買案件にあたるため購買関与プロセスが簡易で、購買関与者も少ないという特徴があります。原材料などの「低リスク、高価値」商材は、調達担当者と経営層の一部が関与します。

　特定の専門機器などの「高リスク、低価値」商材には専門的な評価が必要になるため、仕様策定者や技術者の納得が必要です。大型設備などの「高リスク、高価値」商材は、意思決定プロセスが最も複雑で、経営層、技術専門家、調達担当者、現場の使用者など、多くの購買関与者が参加します。そのため、自社商材を採用するにあたってのリスク低減策や価値提案を、各ステークホルダーの関心や役割に応じて提供する必要があります。(徳田)

5

B
t
o
B

> **まとめ**
> BtoBの購買プロセスは日本でも海外でも変わりません。仕様策定者や経営層など、複数の購買関与者にあわせた提案ができるようにしましょう。

※2　B2B International
https://www.b2binternational.com/

87

ホワイトペーパーは
海外リード獲得に必須

自社の営業リソース不足と顧客への情報量不足を解決する

> ホワイトペーパーは日本でもよく使われますが、海外でも有効な手法です。特に、海外で販売する場合は現地企業と戦わなければいけないため、ホワイトペーパーで知名度を高め、顧客と接点を持ちましょう。

現地企業と戦うためにホワイトペーパーを活用

特定の市場において日本でNo.1シェアを持っている企業も、海外ではそうはいきません。企業の競争地位は次ページの図のように表せますが、日本では「リーダー」でも海外では「フォロワー」から始まり、「ニッチャー」を目指すのが基本戦略です〔図表87-1〕。

例えば、アメリカを拠点とする大企業とアメリカに参入した日本企業では「量的資源」、主には営業リソースに大きな差があります。多くの日本企業は海外にかけられる営業人員が圧倒的に不足しており、数多くのリードに時間をかけるのが難しい状態です。

そのため「どの顧客に時間をかけるべきか?」を判断することがいっそう重要になってくるわけですが、そのための武器となるのが「ホワイトペーパー」です。これは顧客の課題解決に役立つ専門的な知識やノウハウをまとめた資料のことで、PDFファイルとして自社サイトやメールなどで配布するのが一般的です。

海外での知名度の低さをカバーしながら多くの顧客と接点を持つために、検討段階にあわせたホワイトペーパーを用意しましょう。

企業の競争地位別の戦略〔図表 **87-1**〕

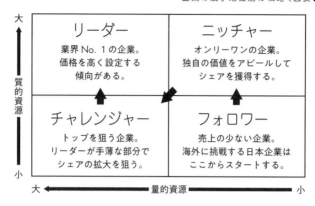

顧客のフェーズを意識して適切な情報を伝える

顧客が商談に至るまでのフェーズを「認知・情報収集」「興味関心・課題形成」「比較検討」に3つに分類し、それぞれに適切なホワイトペーパーを作成します。

まず認知・情報収集フェーズでは、調査資料やToDoチェックリストなど多くのユーザーが興味を持つ情報を提供し、認知を広めます。次の興味関心・課題形成フェーズでは、課題解決の方法をステップごとに解説し、課題解決に役立つ企業の候補の1つとして認識してもらいましょう。比較検討フェーズでは、自社商材の導入メリットや業界事例を用意し、上層部に自社をパートナーとして推薦しやすい資料を用意するのが適切です。

筆者がBtoB企業の海外販路開拓を支援しているときに感じるのは、圧倒的な情報量の不足です。海外の顧客がわざわざ自国に発注してくれる理由を言語化するとともに、エース営業マンが話す内容をホワイトペーパーに落とし込みましょう。(徳田)

> **まとめ**
> 日本語サイトを単に英語化しただけでは、顧客のニーズを満たせません。海外の顧客が欲しい情報をホワイトペーパーに落とし込み、提供していきましょう。

88

バイヤーの検討段階を可視化せよ

BtoBバイヤージャーニーマップで適切なコンテンツを把握

バイヤージャーニーマップを作成していますか？ 顧客のフェーズを理解し、最適な提案を行うためにもバイヤージャーニーマップは必須です。インタビューや競合他社の調査を通してマップを作成しましょう。

顧客へのインタビューや競合事例を参考に作成する

BtoBのビジネスにおいて、海外の顧客がどのように認知・検討・発注に至るかを詳細に理解することは、マーケティング施策の成功率を大きく高めます。バイヤーの購買プロセスを視覚的に整理し、各フェーズに応じた効果的なマーケティング施策を設計するために、BtoBバイヤージャーニーマップを作成しましょう。

例えば、検討段階にいる顧客には、具体的な導入事例や比較資料を提供することが有効である一方、認知段階にいる顧客には、課題を喚起するコンテンツやセミナーの情報が適しています。BtoBバイヤージャーニーマップは、さまざまな検討段階にいる顧客に「刺さる」コンテンツを明確にするためのガイドラインとなります。

BtoBバイヤージャーニーマップを作成するための具体的な方法としては、次の2つが挙げられます。

①顧客や販売代理店、自社の営業マンにインタビューを行う

②競合他社の導入事例を読み込む

①では、まず既存顧客に実施しましょう。実際に取引が成立した顧客は、購買プロセス全体を最もよく理解しています。その体験を聞くことで、リアルなバイヤージャーニーマップを作成できます。次に有効なのは、未購入顧客へのインタビューです。

さらに、販売代理店も顧客の購買プロセスについて深い洞察を持っている可能性があります。最後に、自社の営業担当者にも聞いてみましょう。顧客との接触が多いため、有用な情報源になりますが、バイアスがかかる可能性がある点には注意が必要です。

②では、ターゲットとなるバイヤーグループが抱える課題や、求めている価値を理解できます。競合を徹底的に調査することで差別化ポイントを明確にし、顧客が求める自社独自の解決策を具体化できるでしょう。認知がない状態から継続までのバイヤージャーニーの例は下表の通りです〔図表88-1〕〔図表88-2〕。（徳田）

バイヤージャーニーの例（無関心〜情報収集）〔図表88-1〕

ステージ	無関心	課題意識	情報収集
導入までの流れ	情報収集	認識→打診→検討	情報収集→承認
行動	・漠然とした悩みから検索 ・広告を見て課題が顕在化	・課題を認知 ・解消方法を発見	社内検討するための情報収集
タッチポイント	検索、広告、ブログ、SNS	問い合わせ、資料請求、セミナー→メルマガ	インサイドセールス、アポイント獲得→商談
対応策	SEO、検索広告、SNS、展示会	導入事例、メルマガ、セミナー	提案資料、価格表、見積書、サンプル

バイヤージャーニーの例（比較〜利用）〔図表88-2〕

ステージ	比較	成約	利用
導入までの流れ	稟議→承認	発注→利用	継続
行動	・他社との比較 ・社内への説明	・契約内容の確認 ・利用開始	継続的に利用し、さらに業務改善を目指す
タッチポイント	Webサイト比較、他社資料比較、要件定義書	成約	フォローアップ
対応策	機能詳細紹介、他社比較	結果レポート	勉強会、メール、カスタマーサポート

> **まとめ**
>
> BtoBでは複数の購買関与者が存在するため、グループ単位でバイヤージャーニーマップを作成する必要があります。各グループの役割を意識しながら進めましょう。

89
複数のチャネルで接触回数を増やせ

顧客のメンタルアベイラビリティを高めて存在感を強化

自社商材が選ばれるためには、顧客の中でブランドが記憶され、適切なタイミングで思い浮かべてもらえることが重要です。そのためには、メールマーケティングやSEO、SNSなどの施策に注力しましょう。

適切なタイミングで自社を思い出してもらう

「メンタルアベイラビリティ」(Mental Availability) という言葉をご存じでしょうか。ブランド成長と消費者行動に関する実証研究で著名なバイロン・シャープ氏によって提唱された概念で、「顧客の頭の中でいかに自社ブランドが記憶され、適切なタイミングで選択肢として思い出されるか」を表す用語です。

近年、メンタルアベイラビリティを高めることは、BtoCだけでなくBtoBマーケティングにおいても重要になっています。特にグローバル市場で競争力を高めるためには、複数のチャネルを駆使してバイヤーと高頻度で接触することが求められます。具体的には、次のような施策が成功の鍵を握るでしょう。

① メールマーケティング

② Web検索とSEO対策

③ 営業担当者による直接アプローチ

④ ソーシャルメディアの活用

BtoBマーケティングでもSNSの活用が定石に

　複数のチャネルで発信を考える際に重要なのは、海外顧客を定義することです。まず①によって定期的なメール配信を行うことで、バイヤーの関心を引きつけるとともに、ブランドを記憶に残してもらいやすくなります。②では、バイヤーがWebで情報収集するときに、検索結果の上位に表示されることが重要です。適切なキーワードを用いたコンテンツ戦略を意識しましょう。

　③はオンライン会議や電話、対面を通じたアプローチで、BtoBにおいては特に信頼構築に効果的です。パーソナルな接触を増やし、バイヤーの意思決定をサポートします。

　そして④は、ここ数年でBtoB市場でも急速に拡大しています。背景には、SNSを日常的に利用するミレニアル世代やZ世代が、企業の意思決定に加わっていることが挙げられます。BtoB Internationalによる調査[※1]では「成功したブランドは他のブランドに比べ、意思決定プロセスにおいてSNSを通じて顧客とコミュニケーションをとった可能性が65%高い」というデータが示されています。

　なお、同資料では特にMeta社のプラットフォームが、BtoB市場で重要な役割を果たしていると報告されています。顧客が企業とのコミュニケーションを想起したSNSとして、1位に挙げられているのはFacebook (58%) であり、2位にYouTube (50%)、3位にInstagram (41%) が続いています。これらのプラットフォームを活用することで、ターゲット層のメンタルアベイラビリティを効果的に高めることができるでしょう。(徳田)

まとめ

BtoBにおいてもブランドが「話題にされる」「共有される」ことは極めて重要です。SNSを含む複数のチャネルを駆使し、バイヤーとの接点を増やしましょう。

※1　BtoB Internationalによる調査
https://www.b2binternational.com/wp-content/uploads/2022/03/
Connecting-You-With-Todays-B2B-Buyer.pdf

90

潜在層へのリーチには LinkedIn

アメリカで約2億人が利用するビジネス特化型SNS

LinkedInは、アメリカを中心に利用されているビジネス特化型のSNSです。アメリカでは2億人以上のユーザーがいるため、アメリカの企業や担当者とつながりたい場合に最適なサービスです。

海外でのBtoBマーケティングには欠かせないSNS

LinkedInは、世界中で約9億人が利用するビジネス特化型のSNSです。日本では利用者数が約450万人と、それほどメジャーな存在ではありませんが、以下に挙げる国で広く利用されているため、グローバルでビジネスを展開する際には欠かせないツールです。

- アメリカ　　約2億3,000万人
- インド　　　約1億3,000万人
- ブラジル　　約7,100万人
- 中国　　　　約5,700万人
- イギリス　　約4,100万人

特にアメリカは、人口比で考えるとおよそ3人に2人が利用している計算になります。アメリカの企業や担当者とつながるうえで、これほど強力なSNSはほかにありません。広告や投稿を通して、リードとの接点を持ちましょう。

オーガニック投稿×広告で潜在層に訴えかける

　LinkedInを活用して海外での知名度を高めるには、広告だけでは不十分です。日頃からオーガニック投稿を行ったうえで、広告などの有料マーケティング施策を組み合わせて効果を高めるのが理想的な流れです。企業のオーガニック投稿では、ニュースや記事、ニュースレター、アンケートの投稿を行いましょう。

　LinkedInが発表している「95-5 Rule」[※1]によると、マーケットに存在する企業全体のうち、すぐにビジネスにつながるような能動的な情報収集をしている企業は、わずか5%にすぎません。残りの95%は、将来的に顧客となる可能性がある潜在層です。この95%の潜在顧客とつながるために、継続的に情報を発信しましょう。

　ただし、オーガニック投稿を閲覧できるのは自社のLinkedIn企業・団体アカウントのフォロワーと、そのページ内のコンテンツにエンゲージしたフォロワーに限定される点に注意してください。

　LinkedInの企業・団体ページは、LinkedIn上での「自社ブランドのホームページ」となるものです。LinkedIn Marketing Labs[※2]ではさまざまな活用事例が紹介されており、興味深いデータとして次のようなものが記載されています。

- 顧客やLinkedInメンバーは、コンバージョンに至るまでに平均10個のコンテンツを閲覧
- 週4回投稿する企業は、コンテンツを通じたメンバーとのエンゲージメントが倍増
- オーガニック投稿と広告の両方を目にした人は、広告だけを見た人と比較してコンバージョン率が61%高い

5

B
t
o
B

LinkedIn広告は費用を抑えたリード獲得に効果的

　LinkedInのオーガニック投稿は、すでに自社を知っている人向けのコンテンツです。一方、広告はまだ自社を知らない人へのブランド認知を主な目的とし、新たな市場の開拓や特定のオーディエンスとのエンゲージメントを高めるために活用します。

※1　95-5 Rule
https://business.LinkedIn.com/marketing-solutions/b2b-institute/b2b-research/trends/95-5-rule

※2　LinkedIn Marketing Labs
https://training.marketing.linkedin.com/

筆者がBtoB向けの広告配信を行う場合は、支援先企業の全体予算のほか、ニーズが顕在化したユーザーが検索するキーワードの検索ボリュームに基づいて媒体を選定しています。まずはGoogle広告をで顕在顧客にアプローチしますが、検索ボリュームが少ない場合は潜在顧客向けにLinkedIn広告を展開することが多いです。

　筆者が過去に取り組んだBtoBプロジェクトでは、アメリカやアジア地域を対象にGoogle広告とLinkedIn広告を併用しました。その結果、リード獲得単価はGoogle広告が約10万円、LinkedIn広告が約1万円となり、CPCはGoogleが約500円、LinkedInは約600円となりました。LinkedIn広告はGoogle広告よりもリード獲得単価が圧倒的に安く抑えられましたが、支援先企業からのフィードバックによると、Google広告経由のユーザーのほうが能動的に検索しているため、成約の見込み度が高いということでした。

　以上のことを踏まえると、LinkedIn広告はニッチな市場でニーズが顕在化したユーザーが限られている場合や、リードを多く獲得して中長期的に関係を築きたい場合に有効な施策といえます。

広告配信後のデータや他社のクリエイティブもチェック

　LinkedInのユーザーは業種や役職といったデータを登録しているため、広告を配信すると、その結果としてどのような業種・役職の顧客にリーチできたかを確認できます。広告のインプレッション数はもちろん、リード獲得フォームへの遷移が多かったかなどの細かなデータも見られるようになります〔図表90-1〕。

LinkedInの広告配信結果の例〔図表90-1〕

さらに「LinkedIn広告ライブラリ」(※3)を公開しており、企業名(広告主名)、キーワード、国、期間を入力・選択して実際に配信されていた広告を閲覧できます〔図表90-2〕。LinkedIn広告を配信する前に、ターゲットとする業界や国で検索し、どのような広告クリエイティブが配信されているかチェックしておくとよいでしょう。(徳田)

LinkedIn広告ライブラリ〔図表**90-2**〕

> **まとめ**
> 海外向けにBtoBビジネスを展開するうえで、LinkedInは欠かせないSNSです。オーガニック投稿と広告を駆使し、未来のリードと積極的に接点を持ちましょう。

※3　LinkedIn広告ライブラリ
https://www.linkedin.com/ad-library/

91

BtoBコンテンツ 8つの型

制作時の迷いを減らしつつ、全体のバランスも調整できる

BtoBのコンテンツには、成果を上げやすい「型」があります。信頼性を示すコンテンツや購買決定を促すコンテンツなど、8つの型を使いこなすことで、ターゲットに対して確実にアプローチすることができます。

目的やフェーズに応じた最適なコンテンツを効率的に制作

海外BtoBマーケティングにおいて、ターゲットとなる顧客の解像度を高め、バイヤージャーニーマップ (P.288を参照) を作成することは重要なプロセスです。しかし、いざコンテンツ制作に取り掛かろうとすると、「どのようなフォーマットでコンテンツを作成すればよいのか?」と迷うことが少なくありません。

このような状況を解決するために役立つのが「コンテンツ制作の型」です。型を知っておくことで、目的やフェーズに応じた最適なコンテンツを効率的に制作できるようになります。

筆者はBtoBコンテンツ制作を成功に導く型には、次の8つがあると考えています。これらの型から、ターゲットやニーズに応じて最適なコンテンツの型を選定してください。

① 教育・啓蒙系コンテンツ

基礎的な知識を提供し、課題やリスクについて理解を深めてもらう。

② トレンド系コンテンツ

最新の業界動向や市場トレンドを共有し、ターゲットに専門性や信頼性を示す。

③ ノウハウ系コンテンツ

実務に役立つ知識や手順を提供し、バイヤーが実際の業務で活用できる情報を届ける。

④ 最適実践系コンテンツ

ベストプラクティスを共有し、ターゲットが課題解決に向けて効果的な手法を学べるようにする。

⑤ 問題解決系コンテンツ

バイヤーの具体的な課題に対する解決策を提示し、自社への信頼感を育てる。

⑥ 実績紹介系コンテンツ

自社製品やサービスの具体的な導入事例を共有し、ターゲットに成功イメージを持たせる。

⑦ 商材紹介系コンテンツ

自社商材の詳細情報を提供し、ターゲットがその特徴や利点を具体的に理解できるようにする。

⑧ 比較・評価系コンテンツ

自社商材を競合他社の商材と比較し、その強みを明確化することで購入決定を促す。

例えば、筆者が支援している企業に、現地の中小企業をターゲットとしている情報セキュリティ企業があります。キーワード調査の結果、現地の中小企業はセキュリティ関連法規制に関心があると判明しました。そこで、現地のセキュリティ関連法規制や違反時の罰則、リスクを網羅的に解説した教育・啓蒙系コンテンツを作成したところ、多くのアクセスを獲得できました。

全体のバランスをとりながら臨機応変に型を選ぶ

　海外向けコンテンツを制作し、ビジネスで機能させることは国内と比べて難易度が高いですが、コンテンツに型を活用することは、制作のバランスを見直しやすくする効果もあります。例えば、認知拡大を目的とした「①教育・啓蒙系コンテンツ」ばかりに偏りがちな場合、リード獲得を狙った「⑥実績紹介系コンテンツ」や「⑧比較・評価系コンテンツ」を増やすことで、マーケティング施策全体の成果を高められます。また、型を持つことでトピックの選定や制作のプロセスに迷いが生じにくく、効率的な運用が可能になります。

　一方、自社商材の認知度やターゲットの知識レベルに応じて、適切な型を柔軟に選ぶことが重要です。例えば、まだ商材の認知が広まっていない場合は「②教育・啓蒙系コンテンツ」を多めに制作し、基礎知識を提供することで信頼を構築します。逆に、商材の認知が進んでいる場合は「⑧比較・評価系コンテンツ」を増やし、購入決定を後押しします。型を柔軟に使いこなすことで、ターゲットに最適なアプローチが可能になります。

BtoBマーケティングは長期戦を見越して準備

　海外BtoBマーケティングは、リード獲得から受注に至るまでに時間を要します。なかなか成果が出ないと、取り組んでいることが間違っていないか不安になりますが、これまで述べてきたDWモデルの各指標を見ながら、小さな変化に気付き、取り組んでください。

　人口減少に伴い、内需の減少が明らかな今、外貨を獲得できない企業は成長することが難しくなっていきます。越境ECや海外BtoBマーケティングの"打ち手"を通して、あなたのビジネスが前進しましたら幸いです。(徳田)

> **まとめ**
>
> コンテンツの8つの型を活用することで、バイヤーに適切な情報を提供できます。コンテンツ制作に迷ったときは、これらの型を基準に企画・検討してください。

あとがき

　日本の商品を海外に届ける仕事を続けてきた中で、強く感じることがあります。それは「日本の素晴らしい商品を待ち望んでいる人が、世界中にたくさんいる」ということです。

　日本の職人のみなさんが受け継いできた技術や、その手による作品の1つ1つに、海外の人々が深いリスペクトを抱き、その商品を心から欲しがっています。ただ、その情報が彼らに届いていないだけなのです。だからこそ、職人のみなさんが生み出す商品の可能性や未来を、声を大にして伝えていきたいと思っています。

　一方で、職人のみなさんが直面している課題も深刻です。海外製の安価な商品との価格競争により、売価が下がり、作業に見合う収入を得られない状況が続いています。その影響から後継者不足に悩む声は絶えません。しかし、日本の商品にはまだ多くの可能性があり、その価値を伝えることで、世界中で支持を得る未来が必ずあると信じています。

　そのような中で、Kickstarterをはじめとした海外クラウドファンディングは、日本の職人や企業が最小限のリスクで海外市場に挑戦できる、貴重な仕組みだと考えています。自分たちの商品を信じ、新しい販路を開拓したいという志さえあれば、世界への扉は必ず開けるはずです。この書籍では、海外クラウドファンディングを活用して日本の商品を世界に広げるための可能性や具体的な施策について、少しでもお役に立てればと思い執筆しました。

　本書の執筆は、徳田祐希さん、森田尚志さんという同じ志を持つパートナーとともに進めてきました。また、その思いを形にしてくださったインプレスの水野純花さん、小渕隆和さんにも心から感謝しています。このような機会をいただけたことに、改めてお礼を申し上げます。

　日本の職人技と商品が、これからも未来へとつながり、世界中の人々に喜ばれることを願っています。

2025年3月　中村　岳人

私は長年、海外Amazon販売に関する書籍を執筆したいと強く思っていました。それは、体系的にまとまった情報が載っている書籍が存在せず、かつ私自身が海外Amazonでの販売に挑戦する中で、情報不足に苦しんだからです。「同じように悩む人たちの助けになり、日本企業の海外Amazonへの進出や売上の向上に貢献できる1冊を届けたい」、そのような思いで本書を執筆しました。

　この夢を叶えるきっかけをくださった徳田祐希さんと、インプレスの水野純花さん、小渕隆和さんに、心から感謝申し上げます。また元編集者であり、同じく海外Amazon販売を手掛ける経営者仲間、そして大学の先輩でもある杉田求さんには、多くの貴重なアドバイスをいただきました。その経験と視点からの助言は、本書の執筆において大きな支えとなりました。

　本書の執筆にご協力いただいた、Amazonのプロである永石敦也さん、海外税務の専門家である小柴健右さんにも、この場を借りて御礼申し上げます。

　また、田中謙伍さん、小坂井崇さんや、株式会社GROOVE海外事業部のメンバーにも、執筆において多大なるご協力をいただきました。GROOVEの海外事業部長として、この本を執筆でき嬉しく思います。

　そして、株式会社北の達人コーポレーションの木下勝寿さんには、書籍や自社事業についての相談に乗っていただき、さらにYouTubeへ出演する機会をいただき、本書や私自身の海外Amazonへの取り組みを紹介していただきました。心より感謝いたします。

　海外Amazonの仕組みは非常に複雑ですが、本書がその全容を紐解く一助となれば幸いです。この本が多くの方々の目に留まり、海外Amazonでの販売に興味を持つきっかけとなるだけでなく、すでに進出している企業にとってさらなる売上や輸出拡大につながる一助となれば、これ以上の喜びはありません。日本企業、そして日本のものづくり産業がより一層活気づくことを願って。

2025年3月　森田 尚志

索引

〈アルファベット〉

A+ 255
A/Bテスト 139
About Usページ 63, 73
ACOS 257
Ahrefs 45
Amazonアトリビューション 276
Amazon広告 265
BFCM 184
BtoB 279
　購買プロセス 283
　コンテンツ 296
Cookie 67
CPA 50
CPM 183
CPO 61
CTA 130
D2C 40
ECカート 104
EMS 98
Facebook 28
FAQページ 73
FBA 250
Global-e 65, 111
Google & YouTube 177
Google Merchant Center 176
Googleアナリティクス4 162
Google広告 46, 59, 170
Googleビジネスプロフィール 95
Googleマップ 95
Instagram 27, 83
　リール動画 86, 88, 94
KGI 38, 281
Kickstarter 204, 212
KPI 38, 61, 281
LinkedIn 292
Meta広告 59, 86
OMO 39, 100
PayPal 65
PMF 20, 38
Reddit 28
RFM分析 202
ROAS 61

SellerSprite 255, 267
SEO 46
SERP分析 171
Shopify 42, 104
　Shopify Flow 136
　Shopify Markets 107
　Shopify Plus 108
　Shopify Search & Discovery 119
　メタオブジェクト 121
Similarweb 30, 193
TACOS 267
UGC 66, 92
VAT 274
VPN 60, 172
Web解析ツール 59
WorldShopping Biz 42
X（旧Twitter） 28
Yotpo 139
Zigpoll 142
ZMOT 82

〈ア〉

アンケート 142
アンバサダー 128, 196
　募集ページ 197
インタビュー 23
インバウンド客 82, 98
インフルエンサー 199, 269
売れるコンセプト 50
越境ECサイト 18, 270
選び方コンテンツ 116
エンゲージメント 87, 90
卸売 208

〈カ〉

カート落ち 76
会員登録 113, 132
海外Amazon 240
　キーワード 253
　検索アルゴリズム 258
　商品画像 262
海外PL保険 245

索引

海外SEO　144, 147
階段設計　112
価格設定　74, 107
関税　76
キーワード　152
キーワードプランナー　44
キャンペーン　180
競合調査　158
共同投稿　86
クラウドファンディング　204, 212
　公開期間　234
　仕組み　213
　トラブル　238
　目標金額　226, 234
決済手段　65, 110
顕在層　59, 168
検索キーワード　44
検索広告　168
検索ボリューム　60
広告クリエイティブ　192
顧客理解　22

〈サ〉
在庫リスク　213
サイバーマンデー　184
市場調査　255
実店舗　65
商標登録　244
商品一覧ページ　118
商品詳細ページ　72, 120
ショッピング広告　174
ショップカード　100
セール　188
　常設セール　194
潜在層　59, 168
ソーシャルリスニング　26

〈タ〉
多言語展開　155
ディスプレイ広告　169
デッドストック　194

デマンドウォーターフォールモデル　281
展示会　54
トンマナ　71

〈ナ・ハ〉
ニュースレター　229
ネイティブチェック　63, 68
バイヤー　208
バイヤージャーニーマップ　289
ハコボウヤ　99
バックエンドキーワード　259
バリュープロポジション　159
判断基準コンテンツ　115
フォトスポット　92
複数国への広告配信　180
プライバシーポリシー　67
ブラックフライデー　184
ブランドリファラルボーナス　276
プレページ　227
ブログ記事　123
ベネフィット　232
返品ポリシー　66
ホワイトペーパー　286
翻訳　63
　ガイドライン　71

〈マ〉
マイクロコンバージョン　181
無料リスティング　176
メール　126
　カート落ちメール　127
　開封率　129
　メールマガジン　228
　リメール　134
メンタルアベイラビリティ　290

〈ラ〉
ランディングページ　122
レビュー　138
ローカル検索　95

徳田 祐希（とくだ ゆうき） 世界へボカン株式会社 代表取締役

イギリス留学後、海外Webマーケティングの会社を経て、2014年に世界へボカン株式会社を設立。「日本の魅力を世界へ届ける」というミッションのもと、日本企業の海外進出支援を17年以上にわたって行う。中古車輸出企業の売上を34億円から1,000億円に導くなど、数多くの実績を残す。YouTubeで海外Webマーケティングに関する情報を発信中。JETRO、中小機構アドバイザー。著書に『はじめての越境EC・海外Webマーケティング』（WAVE出版）がある。

執筆協力

五十嵐勇人、加瀬雅彦、駒村侃直、下川 萌、沼野真紀、長谷川淳一、湯浅啓正（以上、世界へボカン株式会社）、伊藤亜津佐（iSchool合同会社）

中村 岳人（なかむら たけひと） 株式会社Gaku 代表取締役

1984年生まれ。北里大学卒業後、広告代理店DACグループに入社。広告営業やデジタルマーケティング、新規事業開発を経て海外クラウドファンディング事業部を立ち上げた後、事業譲渡を受け独立。現在、米国Kickstarter社のOfficial Expertとしてエージェンシーパートナーシップを締結。

森田 尚志（もりた たかし） 株式会社Atravessa 代表取締役

上智大学外国語学部卒業後、ITベンチャーへ入社し海外Amazon D2Cを立ち上げ、12カ国で販売。7カ国でベストセラーを獲得。その後日清食品に入社し、社長直下でD2C事業に従事。退職後、株式会社Atravessaを設立し、海外Amazon販売支援に携わる一方、株式会社Temple Toolを設立し、自社での海外Amazon D2C事業の運用も行う。

執筆協力

永石敦也、株式会社GROOVE 海外事業部メンバー、小柴健右（小柴健右会計事務所）

カバーデザイン	吉岡秀典＋及川まどか（セプテンバーカウボーイ）
本文フォーマットデザイン	吉岡秀典＋阿部愛美（セプテンバーカウボーイ）
イラスト	大森 純（fancomi）
編集協力	深谷 歩（株式会社深谷歩事務所）
校正	株式会社トップスタジオ
制作担当デスク	柏倉真理子 <kasiwa-m@impress.co.jp>
デザイン制作室	今津幸弘 <imazu@impress.co.jp>
	鈴木 薫 <suzu-kao@impress.co.jp>
編 集	水野純花 <mizuno-a@impress.co.jp>
編集長	小渕隆和 <obuchi@impress.co.jp>

DEKIRU 07
MARKETING Bible

越境EC＆海外Webマーケティング"打ち手"

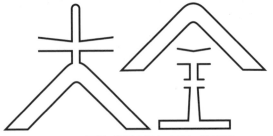

インバウンドを契機に世界を狙う 最強の戦略91
（できる Marketing Bible）

2025年4月1日 初版発行

著　者　徳田祐希・中村岳人・森田尚志
発行人　高橋隆志
編集人　藤井貴志
発行所　株式会社インプレス
　　　　〒101-0051
　　　　東京都千代田区神田神保町1丁目105番地
　　　　ホームページ　https://book.impress.co.jp

印刷所　株式会社暁印刷

Printed in Japan ／ Copyright © 2025
世界へボカン. All rights reserved.

ISBN978-4-295-02108-7 C0034

■商品に関するお問い合わせ先：このたびは弊社商品をご購入いただきありがとうございます。本書の内容などに関するお問い合わせは、下記のURLまたは二次元バーコードにある問い合わせフォームからお送りください。

〈https://book.impress.co.jp/info/〉

上記フォームがご利用いただけない場合のメールでの問い合わせ先
〈info@impress.co.jp〉
※お問い合わせの際は、書名、ISBN、お名前、お電話番号、メールアドレスに加えて、「該当するページ」と「具体的なご質問内容」「お使いの動作環境」を必ずご明記ください。なお、本書の範囲を超えるご質問にはお答えできないのでご了承ください。

●電話やFAXでのご質問には対応しておりません。また、封書でのお問い合わせは回答までに日数をいただく場合があります。あらかじめご了承ください。●インプレスブックスの本書情報ページ〈https://book.impress.co.jp/books/1124101098〉では、本書のサポート情報や正誤表・訂正情報などを提供しています。あわせてご確認ください。●本書の奥付に記載されている初版発行日から3年が経過した場合、もしくは本書で紹介している製品やサービスについて提供会社によるサポートが終了した場合はご質問にお答えできない場合があります。■落丁・乱丁本などのお問い合わせ先：FAX〈03-6837-5023〉〈service@impress.co.jp〉※古書店で購入された商品はお取り替えできません。■本書は著作権法上の保護を受けています。本書の一部あるいは全部について（ソフトウェア及びプログラムを含む）、株式会社インプレスから文書による許諾を得ずに、いかなる方法においても無断で複写、複製することは禁じられています。

読者登録サービス CLUB IMPRESS

＜本書のご感想をぜひお寄せください＞
アンケート回答者の中から、抽選で図書カード（1,000円分）などを毎月プレゼント。当選者の発表は賞品の発送をもって代えさせていただきます。※プレゼントの賞品は変更になる場合があります。

https://book.impress.co.jp/books/1124101098